총도감 호산입니다

총도감 호산입니다

總都監 虎山

글 · 호산

불교신문사

〈부처님법 전합시다〉

상월결사 회주 자승스님 친필 휘호

들어가는 말

—

'음수사원(飲水思源)'이라는 말이 있습니다. 상월결사 회주 자승스님께서 얼마 전 이 글귀를 친필로 작성해 제게 주셨습니다. 물을 마실 때 그 물이 어디서 왔는지 근원을 생각하라는 뜻이지요. 안락함과 편안함을 버리고 상월결사를 주창하고 나선 회주 자승스님의 그 깊은 뜻이 어느 정도인지 감히 헤아리기 어렵습니다. 회주 스님께서 발원한 상월결사의 가르침과 그 정신을 백만분의 일, 아니 천만분의 일이라도 담아내고 싶어 책을 내게 됐습니다.

이 책은 2019년 기해년 동안거 상월선원 천막결사를 시작으로 자비순례, 천리순례, 마음방생 평화순례, 인도순례로 이어지는 순례의 기록을 엮은 내용입니다. 목숨 건 극한의 수행 속에서 한국불교에 불꽃을 일으켰고, 그 불씨를 살려 역동적이고 활기찬 불교를 만들어 가는 과정을 소개하고 있습니다.

천막결사에 들어갔을 때는 마침 만으로 출가 40년이 되던 해입니다. 극한의 추위와 배고픔을 이겨내고 90일 정진을 마칠 수 있었던 것은 사부대중이 밖에서 함께 수행정진하며 기운을 불어넣은 덕이라고 생각합니다. 지객 소임에 이어 순례단 운영을 총괄하는 상월결사 총도감을 맡은 지도 벌써 3년을 넘어서고 있습니다. 부처님 생애와 가르침을 다시금 선양시키겠다는 원력으로 사부대중이 함께하는 인도순례를 계획하고, 부처님께서 걸으신 전법과 포교의 길이 우리 땅에도 똑같이 살아있음을 구현해내려 노력했습니다.

저는 길 위에서 만난 수많은 인연들 속에서 불교의 새로운 희망을 보았습니다. 사부대중이 차별 없이 한마음으로 기도하고 수행하면 불교중흥을 만들어갈 수 있다는 깨달음이었습니다. 부처님께서 45년 동안 중생을 향한 발걸음을 멈추지 않았듯, 대중들 삶 가까이에서 살아있는 불교를 만들어 가는 여정은 계속 이어질 것입니다.

마지막 장은 이러한 발원을 담은 이야기입니다. 저는 최근

총도감 호산입니다

경기 북부 일원의 주요 사찰들을 말사로 둔 봉선사 주지로 취임했습니다. 대중들의 만장일치 지지로 막중한 소임을 살게 됐습니다. 본사 주지라는 그 책무의 근본을 잊지 않고 정진에 정진을 거듭할 것입니다. 무엇보다 상월결사의 정신을 이어 부처님 법을 전하는 전법의 일선에 모두가 동참하도록 이끌어 나갈 것입니다. 세상 사람들의 이익과 안락을 위해 전법의 길을 가도록 열정을 갖고 최선을 다할 것입니다. 졸고이지만 인내와 하심으로 여러 난관을 극복한 상월결사 순례단과 저의 이야기가 다시 일어설 용기와 힘을 얻는 계기를 만들었으면 하는 바람입니다.

이 책이 세상에 나올 수 있도록 상월결사를 처음으로 발원한 회주 자승스님께 무한한 감사 인사를 올립니다. 아울러 순례 대중들에게도 고맙다는 말을 전하며, 책 발간을 위해 애쓴 불교신문사 사장 삼조스님과 박기련 주필님, 홍다영 기자님에게도 감사드립니다.

불기 2567(2023)년 10월

호산 합장

차례

—

• 들어가는 말   — 007

1장

목숨을 건
천막결사

기해년 동안거 지객 소임을 맡다   — 013

2장

고단한
만행의 길

길 위에서의 수행   — 085

– 상월선원 수행정신 순례로 확장(2020, 공주 예비순례)   — 088
– 걸음마다 뭇 생명의 평안 발원(2020, 국난극복 자비순례)   — 107
– 걷고 수행하는 모습이 곧 포교(2021, 삼보사찰 천리순례)   — 140
– 움직이는 발걸음에서 피어난 평화(2022, 마음방생 평화순례)   — 170

3장

부처님의 발자취를
따라 걷다

1,167km의 대장정, 인도순례   — 181

4장

사부대중과
함께 가는 길

전법만이 살 길이다   — 291

• 호산스님 수행이력   — 315

1
:
목숨을 건 천막결사

· 기해년 동안거 지객 소임을 맡다 ·

기해년 동안거 지객 소임을 맡다

—

"겨우내 난방하지 않은 천막에서 옷 한 벌로 생활하며 하루 한 끼 공양하고 14시간 이상 정진한다. 정진이 끝나는 날까지 묵언해야 한다. 양치만 허용하고 삭발과 목욕은 하지 못한다. 외부인과 접촉을 금하고 천막을 벗어나지 않는다. 이를 어길 시 조계종 승적을 반납하겠다는 각서와 제적원을 제출한다."

기해년 동안거 위례 상월선원에서 시행한 청규입니다. 몇 년이 흐른 지금도 청규는 줄줄 외워지네요. 상월선원 회주 자승스님께 처음 노숙정진 이야기를 듣는 순간, 저는 상월선원 천막결사 지객을 자청했습니다. 한국불교 중흥과 세계평화의 원력을 세워 천막결사라는 불교사에서 유례를 찾기 어려운 수행방식이라 두렵고 막막했지만 자승스님 원력을 따르겠다고 마음먹었죠. 위례신도시 허허벌판에서 천막 하나 치고, 자승스님과 함께 90일간 수행할 대중을 모았습니다. 목숨을 건 정진에도 두려움 없이 동참할 수행자, 청규를 지키며, 대중과 화합하고 자신의 역할을 잘 해낼 수행자를 찾는 것이 결사의 시작이자 끝이라고 생각했습니다. 그렇게 저는 상월선원 '지객' 호산이 되었습니다.

"가장 낮은 곳에서, 다 놓아버린 곳에서, 세상이 바라보지 않는 곳에서도 틀림없이 공부가 있을 것이니, 승가 본연의 모습으로 차별 없이 정진해보자."

차 한잔 마시자는 부름에 간 자리에서 자승스님은 형형한 눈빛으로 대중들을 향해 이번 겨울엔 홀로 서울역에서 노숙 정진을 하겠다는 뜻을 처음으로 밝히셨습니다. 백담사 무문관에서 두 번 동안거 정진을 하신 후였죠. 그런데 이번엔 사찰도 아닌 길에서 홀로 수행하겠다는 뜻을 밝히시는 겁니다. 산중에 머물러 있는 불교가 아닌 사람들 삶 속 가까이에서 교감하는 종교가 되어야 한다고 하셨습니다. 그래야 한국불교 살길이 열린다는 가르침이었습니다. 폐관수행 이후 말과 글이 끊어진 자리에서 당신만의 깨달음이 있으셨던 거죠.

겨울 한철 노숙자로 살며, 노숙인들과 교감하겠다고 하셨습니다. 곁에서 노숙하는 스님을 보며 합장하고 인사만 해도, 불교가 멀리 있지 않다는 것을 알게 되리라고 확신하셨습니다. 찾아온 이들에게 먼저 따뜻한 밥을 나누고, 부처님 법을 나누게 되면, 그곳에 있는 모두가 우리 곁에 부처님 가르침이 있다는 것을 알게 될 거라고요. 처음 스님이 노숙 정진 의사를 밝히셨을 때, 말리고 싶은 게 제 솔직한 심정이었습니다. 거친 노숙으로 건강을 해칠까 걱정스러웠고, 혼자 계실 때 혹시 해코지라도 당하면 어쩌나 하는 우려가 들었거든요. 하지만 스님의 결심은 굳건했습니다. 결연한 눈빛을 보니 제 생각도 달라지더군요.

오히려 저희가 앞장서 해야 할 일을 당신이 솔선수범하겠다고 하시니, 절을 올리는 게 마땅한 상황이었습니다. 조계종 총무원장이라는 막중한 소임을 두 번이나 하셨고, 이제 편안히 대중을 제접하셔도 충분히 존경받으실 어른이 풍찬노숙을 결심했다는 데 생각이 미치자, 깊이 숙연한 마음이 들었습니다.

기해년 동안거 결제일
상월선원 입방 전 아홉 스님
(2019년 11월 11일)

총도감 호산입니다

총도감 호산입니다

목숨 건 정진을 마치고
세상 밖으로 나온 아홉 스님
(2020년 2월 7일)

龍泉榜

會主　海峰　慈來
禪院長　無然　慈來
立繩　真覺
開主　性谷
知客　虎山
轉殷　再宝
淨桶　犀牛
侍者　道林　慈昊
茶頭　仁山
引座　曉然
院主　弘宣
護法　永宗
盧殿　幻風
都監　慧日
住持　元朗

佛紀二五六三年己亥冬至日
孟月　保也　無門閣

종단 어른으로 한국불교가 처한 난제를 해결하기 위해 스스로 힘들고 어려운 길을 선택하신 겁니다. 부처님의 고귀한 가르침을 입으로 말하긴 쉽지만 이것을 직접 몸으로 행하기란 매우 어렵습니다. 팔만사천 부처님의 가르침을 당신이 직접 행동으로 실천으로 옮기겠다고 말씀하자, 그 자리에 있었던 저 역시 반드시 함께해야겠다고 결심했습니다. 출가 40년, 드디어 부처님 은혜에 보답하고 밥값을 할 수 있다고 생각하니 설레고, 기쁨이 샘솟았습니다.

그게 저만의 생각은 아니었습니다. '나도 한번 저렇게 해봐야겠다'며 발심하고 참여하는 이들이 하나둘 늘어났습니다. 우리 한국불교가, 스님들이 산중에서 벗어나 세상 속에서 중생들과 함께해야 한다는 자승스님의 선언은 커다란 화두가 되었습니다.

상월선원 천막결사의 뿌리를 거슬러 올라가보면, 자승스님의 무문관 정진에서 찾을 수 있습니다. 스님은 40여 년 전, 군 제대 후 수행자 본연의 모습으로 다시 돌아가자 결심하고 한겨울 설악산 봉정암에서 5개월간 매일 8시간 기도하셨습니다. 인적 하나 없는 봉정암에서 추위를 견디며 치열하게 무문관 정진을 마치고 내려왔던 자승스님은 8년간의 조계종 행정수반을 마치고 맞은 첫겨울 백담사 무문관으로 향하셨습니다.

자승스님이 백담사 무문관에 방부를 들였다는 것이 알려지면서 반응은 극과극이었어요. 수행자가 수행하는 게 당연함에도, 일부에서는 사판승(행정승)으로서 정점을 찍은 스님이 선원으로 들어가겠다고 하니 의아해하더군요. 과거 8년 동안 그어떤 총무원장 스님보다 광폭 행보를 보여줬던 스님이 스스로를 가두는 무문관 수행이 가능할지 반신반의한 것 같아요.

세간의 우려와 달리, 문을 잠그고 들어간 자승스님은 세상과 철저히 단절하고 자기 내면으로 깊숙이 들어가셨습니다. 무문관에서의 첫해는 철저히 소식하며 정진을 이어갔습니다. 두 번째 겨울엔 장좌불와를 하셨습니다. 눕지 않고 수행하겠다는 자기 자신과의 약속을 지키기 위해 부단히 노력하셨습니다. 두 번의 동안거가 끝나고 자승스님은 세상 밖으로 내려오셨습니다. 겉모습도 몰라보게 달라졌지만, 한국불교를 위해 더 이상 스님과 불자들이 지금 여기에 머물러 있어선 안 된다는 생각을 내면에서부터 하고 계셨습니다.

노숙 정진도 그 고민에서 나오신 것 같습니다. 하지만 어른 스님 혼자서 노숙 수행을 하는 것은 위험천만한 일이지 싶었죠. 일반 대중에도 잘 알려진 분이기 때문입니다. 행정수반으로 지내며 사회적으로 여러 메시지를 던지며 활동하셨기 때문에 혹여나 불상사가 일어날 수 있다는 걱정을 떨칠 수가 없었습니다. 대신 혼자 하시는 것보다 수행공동체를 제안 드렸죠. 풍찬노숙을 결심하셨으니 대중과 함께 결제에 들어가자고 말씀드리고, 제가 지객 소임을 맡아 방부를 받겠다고 밝혔습니다. 그날 자리에 있었던 진각스님도 한 치의 망설임 없이 동참하고 싶다고 했습니다.

그날 밤 잠 한숨 이루지 못했습니다. 대중이 함께하는 결사에 참여하게 됐다는 사실 하나만으로도 솔직히 기뻤습니다. 오랫동안 마음으로 품고 있었던 불교의 역할을 드디어 실현할 수 있겠구나 하는 생각에 벅차올랐습니다.

마침 그때는 제가 출가한 지 만 40년이 되던 해였습니다. 선방도 다니고 인연이 닿아 주지 소임도 20여 년을 살았지만 그즈음 내가 지금 여기서 무엇을 하고 있는가 하는 생각이 머릿속을 떠나지 않았습니다.

그러던 찰나 종단을 대표하는 어른 스님이 누구도 생각지도, 감히 실현에 옮기기도 어려운 수행을 제안하시는 겁니다. 사부대중이 함께하는 수행으로 변화를 만들어야 한다는 말씀에 참 고마웠습니다. 종교는 사람들을 감화하고 감동을 주어야 합니다. 그러려면 지도층에 있는 스님이 더욱 앞장서 수행으로 사람들에게 가르침을 주고, 나도 저 스님처럼 수행하며 삶을 가꿔나가고 싶다는 마음을 일으키게끔 만들어야 합니다. 몸에서 피가 끓듯 불교를 통해 선한 에너지와 긍정적인 기운을 받는다면 그것이 바로 살아있는 불교라 할 수 있죠. 종단이 선두에서 해야 할 일을 어른 스님이 은퇴 후 하시겠다고 해 참 고마웠습니다. 지도자 스님들이 먼저 실행한다면 얼마나 파급력이 크겠습니까. 저 스스로 출가한 지 40년이 되어 비로소 밥값은 하게 됐구나 하는 생각이 들었습니다.

선원을 다니며 인연 맺은 도반들과 후배 스님, 종단의 선배 스님 등 제가 믿고 존경해온 분들이 동참 의사를 밝혔고 모두 아홉 분의 스님이 모이게 됐습니다. 결사를 처음으로 발원한 자승스님을 비롯해 무연스님, 진각스님, 성곡스님, 재현스님, 심우스님, 도림스님, 인산스님이 결사에 참여하게 됐습니다. 결사 동참 대중 가운데 도반들은 저와 같은 생각을 하고 있었던 것으로 짐작됩니다. 호의호식하는 한국불교의 현주소를 반성하고 국민과 불자들에게 감동을 주는 결사로 불교를 다시 한 번 일으키겠다는 각오였습니다. 출가 수행자가 되어 각자 위치에서 치열하게 살아왔지만, 그 시간을 뛰어넘는 수행과 정진이 필요하다는 마음을 품고 있었습니다. 출가 정신으로 돌아가 다시 마음을 다잡고 한국불교를 위해 죽기를 각오하고 이름을 올린 것입니다.

결사를 어디서 할 것인가에 대한 고민과 논의를 거듭한 끝에 장소는 위례신도시 종교부지로 최종 선정하게 됐습니다. 서울역이나 탑골공원 등 처음 거론됐던 정진처는 인연이 닿질 않았고 남한산성 산자락에 비닐로 선원을 만들기로 했습니다. 이곳은 자승스님께서 총무원장 재임 시절 신도시 포교에 대한 원력으로 마련한 장소였습니다. 하지만 종단 재정이 뒷받침되지 못해 허허벌판으로 방치되어 있었습니다. 한국불교를 일으키겠다는 원력을 모을 가장 적합한 장소였습니다.

처음 발심 그대로 풍찬노숙의 정신을 잇기 위해 수행처는 서리를 맞으며 달을 벗 삼는다는 뜻으로 '상월선원(霜月禪院)'이라는 이름을 붙였습니다.

그해 11월 4일 진제 종정예하께서 직접 친필로 작성한 상월선원 현판 개막식이 거행됐습니다. 세상 어디에서도 볼 수 없었던 대형 비닐하우스 법당과 현판이 처음으로 일반에 공개된 날입니다. 선원 바로 아래 전국의 스님과 불자들도 신심과 원력으로 수행 정진할 수 있도록 임시법당을 세웠습니다. 이른 아침부터 신묘장구대다라니 독송 소리가 공사장 소음을 뒤덮고 석조여래좌상을 모시는 의식이 이어졌습니다. 이어 자승스님을 비롯한 결사동참 대중 스님, 내빈들이 함께한 가운데 상월선원 현판을 걸었습니다.

이날 아홉 스님들은 고불문을 통해 결연한 자세와 각오로 수행의 시간을 채워갈 것을 다짐했습니다. "한 자루의 향을 사르고, 삼가 부처님 전에 고합니다. 첫째, 하루 14시간 이상 정진한다. 둘째, 공양은 하루 한 끼만 먹는다. 셋째, 옷은 한 벌만 허용한다. 넷째, 양치만 허용하고 삭발과 목욕은 하지 못한다. 다섯째, 외부인과 접촉을 금하고, 천막을 벗어나지 않는다. 여섯째, 묵언한다. 일곱째, 규약을 어길 시 조계종 승적을 반납하겠다는 각서와 제적원을 제출한다. 여기 이 자리에서 내 몸은 말라버려도 좋다. 가죽과 뼈와 살이 녹아버려

도 좋다. 어느 세상에서도 얻기 어려운 저 깨달음에 이르기까지 이 자리에서 죽어도 결코 일어서지 않으리라. 저희의 맹세가 헛되지 않다면, 이곳이 한국의 붓다가야가 될 것입니다."

2019년 11월 11일, 마침내 동안거 천막결사가 시작됐습니다. 난방도 없는 천막에서 한겨울 동안 1일1식하며 아홉 명의 스님이 묵언 수행하는 것은 한국불교에서 처음 있는 일로 기록될 것입니다. '상월'의 광명으로 온 우주를 비춰 세상을 밝히리라는 발원으로 선원 앞에 섰습니다. 자승스님은 선원을 찾은 수많은 인파를 향해 환한 미소를 보이고 흔연히 선원 안으로 몸을 들이셨습니다. 그 직후 무문관 철문이 닫혔습니다. 밖에서 자물쇠를 채우는 소리가 들렸고 원근각지에서 온 사람들은 발길을 돌리기가 어려웠던지 '힘내세요' '건강하세요'를 연호하며 떠나지 않고 있었습니다. 몇 분 뒤 응원의 목소리와 함께 사람들의 발자국 소리도 점점 멀어져 갔습니다.

칼날 같은 죽비소리가 비닐하우스 법당에 울려 퍼지고 아홉 스님은 긴 침묵으로 천천히 들어갔습니다.

한겨울 혹한 속에서 한 겹 천막에 의지해 겨울 안거를 나며 불교중흥을 발원하는 역사적인 90일 고행 결사의 막이 올

총도감 호산입니다

랐습니다. 정진을 시작하면서 저는 단 한 가지 바람뿐이었습니다. 단 한 분의 낙오자 없이 아홉 스님이 다 함께 문을 따고 나가는 것이었습니다. 준비 과정 중엔 잘 해낼 수 있을까 하는 걱정이 앞서기도 했는데, 막상 문이 닫히자 일순간 마음이 파도가 잔잔해지는 것처럼 평안해졌습니다. 순간 '위대한 포기'라는 표현이 떠올랐습니다. 부처님께서 가장 낮은 곳에서 도를 찾기 위해 자신에게 주어졌던 모든 것을 내려놓겠다고 과감히 결단했던 것처럼, 저 역시 40년 출가생활하며 누렸던 많은 것들은 그 순간 내려놓았습니다.

온기 하나 없는 노천 천막에서 씻지도 못하고 하루 한 끼 공양하며 매일 14시간 정진을 시작했습니다. 결제에 들어간 직후부터 전혀 예상하지 못한 난관이 펼쳐지기도 했습니다. 초반에 2박3일 동안이나 비가 쏟아졌습니다. 비닐하우스 안으로 비가 들이쳐, 금세 물바다가 되었습니다. 걸레도 마땅치 않아 물기를 닦아내느라 애를 먹었습니다. 한밤중에 비가 쏟아져 눈을 떴는데 회주 스님은 그때까지 깨어 있었습니다. 나중에 알고 보니 어른 스님께서는 하루 1시간 이상 제대로 주무신 적이 없었어요. 비가 많이 오는 밤이면, 혹시라도 토사

총도감 호산입니다

가 쏟아져 대중들에게 쏟아질까 걱정이 돼 잠을 못 주무셨다고 하더군요. "차라리 흙더미가 나를 덮칠지언정 다른 스님들은 무탈해야 한다."는 기도를 하셨다는 얘기를 듣고 가슴이 뭉클했습니다. 제 깜냥으로는 대중을 이끌고 정진하는 어른 스님이 짊어지고 계셨을 부담을 짐작하기 어려울 것입니다.

비닐하우스 안의 낮과 밤 큰 일교차로 몸도 점점 무거워졌습니다. 정진 대중들은 오전 2시에서 2시 반 사이 모두 일어났습니다. 새벽이면 기온이 너무 낮아 108배를 하며 추위를 이겨내려는 스님들도 있었습니다. 오전 7시간, 오후 7시간을 정진하고 밤 10시 이후에 가행정진을 하기도 했습니다. 매일 오후 4시엔 창문을 열고 천막 안을 깨끗이 청소하고 운동을 했습니다. 공양은 오전 11시 도시락을 받아 다음날 오전 7시 다시 내놓는 방식으로 이뤄졌습니다. 공양물도 최소화했어요. 결사 정진하는 수행자가 배불리 먹는 것은 이치에 맞지 않는다고 여겨서, 먹는 양도 점차 줄였고, 칼로 껍질을 벗겨야 하는 과일도 공양물로 받지 않았어요. 그러다 보니 봉지 커피가 최고의 간식이 되는 순간도 있었습니다.

냉동창고 같은 비닐하우스 천막 법당에서 배고픔과 추위

를 견디는 게 힘들었어요. 자승스님이 끓여주신 꾸지뽕 차로 허기를 달래고 온기를 느꼈습니다. 선방에서 다각 소임은 하판 스님들 역할인데, 상월선원에서는 회주 스님께서 직접 차를 끓여주셨어요. 아침에 일어나 허기지고 꽁꽁 언 몸을 달래주는 최고의 약이었습니다.

스님들은 언 몸을 녹이기 위해 쉬는 시간마다 움직였습니다. 하루 천막을 100~150바퀴씩 빠르게 포행하고 아침저녁으로 절을 했습니다. 좁은 선원 안에서 수백 바퀴를 돌다보니 바짓단은 끝이 다 해지고 덧버선은 구멍이 났습니다. 어느 날 대중 스님이 쪽지로 작은 천을 요구했는데 알고 보니 버선이 다 해져서 덧대려고 했던 겁니다. 부지런히 몸을 움직이지 않으면, 추위를 이길 수 없었어요.

결제에 들기 전에는 고요함 속 정진을 생각했지만, 상월선원은 도심 속에서 정진과 포교를 함께하는 수행공간이었습니다. 회주 스님은 처음부터 위례 천막법당이 누구나 찾아와 편하고 신명나게 기도할 수 있는 법석의 장이 되어야 한다고 말씀하셨습니다. "시끄러움 속에서 고요함을 찾는 것은 나와 함께 스님들 몫이니 걱정하지 말고, 기도할 땐 기도하고, 평상

총도감 호산입니다

시에는 법당을 놀이터로 삼으라."는 회주 스님의 당부는 바깥 법당에서 현실이 되고 있었습니다.

천막에 들어간 직후, 사부대중의 응원에 저도 모르게 많은 눈물을 쏟아냈습니다. 하루는 수국사 신도들이 일심으로 금강경을 낭독하는 소리가 비닐하우스 안으로 들려왔는데, 속에서 뜨거운 것이 올라오면서 눈물이 나왔습니다. 부처님 은혜와 사부대중의 시은(施恩)에 가슴이 벅차올랐던 거죠.

수국사 신도들의 열렬한 응원 덕분에 밖으로 쪽지가 나간 적도 있어요. 매주 찾아오는 신도들이 '호산스님!' 하며 힘차게 부르는 소리가 계속 이어졌습니다. 저 혼자 정진하는 것이 아닌데, 제 이름만 연호되는 것은 바람직하지 않다고 여겨 의사를 전할 필요가 있겠다 싶었어요. 고심 끝에 '호산스님'의 '호' 자도 꺼내지 말고 '아홉 스님'을 크게 외쳐달라는 요청으로 쪽지를 내보냈습니다. 다행히 그 이후로 제 법명 대신 아홉 분 스님을 부르는 소리가 들려왔습니다. 잘 따라준 신도들에게 마음속으로 감사 기도를 올렸습니다.

도심에서 삶터로 내려온 선방, 상월선원을 통해 세상과 한층 가까워진 불교, 한국불교의 역사가 새롭게 열리고 있었습니다. 결제 전 "쇼는 내가 할 테니 여러분은 천막 밖에서 신명 나는 불교를 만들어 보라."고 하신 회주 스님의 당부가 실현되고 있음을 귀로 확인했습니다.

야외법당에서 울려 퍼지는 기도 소리에 온몸을 타고 올라가는 추위와 배고픔을 이겨낼 수 있었습니다. '상월선원 정진 결사, 한국불교 중흥결사, 대한민국 화합결사, 온 세상 평화 결사'라는 상월선원 4대결사를 힘껏 외치는 소리를 듣고 눈물이 다시 쏟아져 내렸습니다. 어느 순간에는 마음속으로 함께 따라하기도 했습니다. 서로 얼굴은 볼 수 없었지만 사부대중이 함께하고 있다는 마음에 더욱 허리를 곧추세우고 정진에 몰입했습니다. 날이 갈수록 점점 커지는 대중들의 응원 소리에 큰 감동을 받았습니다.

각기 다른 스님들이 90일이라는 긴 시간 동안 한 공간에서 정진하는 것은 사실 보통 원력이나 정진력 갖고는 쉽지 않은 일입니다. 회주 스님의 보살핌과 따끔한 경책이 없었다면 이 결사는 감히 완수하기 어려웠을 겁니다. 잠도 거의 주무시지 않고 한결같은 마음으로 대중을 보살펴준 회주 스님에 대한 감사함은 말로 표현할 수 없이 큽니다. 정진 대중의 마음

총도감 호산입니다

우리가족과 여기있는 모든 이들이 행복하기를

죽은... 대구 2003? 02호
행원, 임정연, 이솔인
이서진, 이채현
소원 성취
입장 소원

경일번

시다

올해생 손재성
갑을생 군재노
이경수 사랑
황업성취
취업 발원

· 건강하게
해게되네요
· 가족 행복

총도감 호산입니다

이나 상태가 어떤지를 가장 먼저 알아차린 분도 회주 스님입니다. 공양하는 방법부터 몸과 마음가짐을 어떻게 해야 하는지 등 자세한 내용을 칠판에 글을 남겨 알려주셨습니다. 수국사 합창단과 불자 가수 우순실 씨가 천막선원 밖에서 노래 공양을 올린 어느 날은 큰 가르침을 내려주셨습니다. 오후 방선을 끝내고 다각실에 갔을 때 칠판에 이 구절을 남기셨습니다. "땅이 노래하고 하늘이 춤을 추니 수미산이 사바세계로구나." 하루 24시간 한 분 한 분을 살뜰히 보살피며 가르침을 주지 않았다면 생사를 뛰어넘는 석달 동안의 결사를 완주하기란 불가능했을 것입니다. 고비가 생길 때마다 종단의 큰 어른으로서 극복할 수 있도록 살뜰히 챙겨주셨습니다.

자승스님께서는 천막결사 내내 그 누구보다 엄격하게 정진하셨습니다. "부처님처럼 수행하고 정각에 이르도록 스님들이 모범을 보여야 한다."고 늘 강조하셨죠. 결제에 들어가기 전부터 비난의 목소리가 들렸지만 "자신만 떳떳하면 아무것도 문제 될 것이 없다."며 묵묵히 길을 걸어가셨습니다. 어른으로서 무거운 책임을 짊어지고도 인내하며 자비심으로 대중을 대하고 일각에서 제기되는 비난에도 인욕을 실천하는 모습에

총도감 호산입니다

사람들도 감화를 받았습니다. 보여주기식이다 '쇼'라며 결사를 깎아내리려던 이들의 눈초리도 어느새 사라졌습니다. 한국불교 중흥을 위해 말이 아닌 행동으로 보여주는 큰 어른으로 여기기 시작했습니다.

천막 안에서의 정진은 일반의 상식을 뛰어넘었습니다. 좌차도 마찬가지였습니다. 선원장 무연스님이 중앙에서 가부좌를 틀었습니다. 화장실과 가장 가까운 맨 오른쪽부터 심우스님, 재현스님, 인산스님, 진각스님, 무연스님, 성곡스님, 호산스님, 도림스님, 자승스님 순으로 앉았습니다. 승납 순서대로 차례를 정하지 않고, 추위를 많이 타는 막내 인산스님을 배려해 선배 스님들이 먼저 앉은 것이죠. 소임 또한 승랍이 높은 분들이 하소임을 살며 대중을 살폈습니다. 이것이 바로 천막결사를 원만하게 회향할 수 있었던 원동력으로 작용했죠.

회주 스님의 무한한 자기희생과 더불어 선원장 무연스님의 철두철미한 수행력은 극한의 고행을 이겨내는 힘으로 작용했습니다. 제가 가장 존경하는 벗이기도 합니다. 회주 스님이 '인공지능 수행자'라는 별칭을 붙일 정도로 한 치의 흐트러짐 없이 정진했습니다. 무연스님은 천막 안에서 대상포진에 걸렸는데도 다 나을 때까지 절대 내색하지 않았습니다. 저 또한 선원장 스님처럼 열심히 정진해 따라가야겠다는 마음으로 공부를 이어갔습니다.

90일 동안 묵언하며 갇혀 있는 공간에서 다툼은 전혀 없었습니다. 묵언이 큰 역할을 했습니다. 회주 스님께서도 묵언에 들어가며 당부하신 내용이 있죠. 옆에서 방귀를 끼든 벌거벗고 춤추든 옆에 있는 대중이 그 어떤 행동을 하든 바깥 공사장 소음에 비하면 아무것도 아니니 옆 사람 허물을 문제 삼지 말자는 당부였습니다. 천막 안은 늘 춥고 배가 고팠기 때문에 스스로를 다스리는 데 몰두했습니다.

극단의 고행을 통해 불자는 물론 일반 대중들에게 희망과 용기를 주고 싶었습니다. 혹자는 왜 따뜻한 방을 두고 저렇게 고생을 할까 하는 사람들도 물론 있겠지만, 스님들이 간절한 마음으로 어렵게 고행을 함으로써 간절함으로 어떤 일이든 해낼 수 있다는 것을 사람들 마음에 심어주고 싶었습니다.

극한의 고행 앞에 위험천만한 일도 있었습니다. 해제 한 달여를 앞둔 한겨울 새벽, 119를 불러야 할 정도로 위급한 상황이 발생했습니다. 재현스님이 호흡곤란을 일으키며 갑자기

총도감 호산입니다

쓰러졌습니다. 상황이 다급해지자 한 스님은 서둘러 조치하기 위해 비상구 문을 걷어찼습니다. 저희들은 병원에서 치료를 받게 하고 싶었습니다. '정진하다 병원 가는 건 제적 사유에 해당하지 않으니 나가서 치료받는 것이 어떻겠느냐'고 적어 보여줬어요. 회주 스님도 칠판에 '충분히 수행했으니 병원에 가서 치료를 받아라' 하고 간곡히 권했습니다. 하지만 당사자 스님은 가까스로 몸을 추스르고 힘겹게 작은 글씨로 칠판에 '상월선원 결사정신을 훼손시키고 싶지 않다. 죽어도 여기서 수행을 하겠다'는 결의에 찬 글을 썼습니다. 대중 모두 눈시울이 붉어졌습니다. 그때 제 마음은 정말 힘들었습니다. 일회용 산소호흡기를 들여와 사용하고 다행히 고비를 넘겼습니다.

그러다가 갑자기 자승스님이 쓰러졌습니다. 그땐 눈물 흘릴 겨를도 없었습니다. 저혈당 증세처럼 얼굴이 노래지더니 쓰러지고 말았습니다. 어른은 저희보다 배 이상으로 힘드셨고 잠도 하루에 거의 1시간조차 제대로 주무시지 않았습니다. 결사에 처음으로 뜻을 세웠고 대중 한 명 한 명 다 살피느라 당신 몸은 돌보지 못하신 겁니다. 안에서 겪고 있는 일들을 일일이 밖에 알릴 수도 없고 속만 새카맣게 타들어 갔습니다.

마침 비상용 사탕이 있어 두 알 입에 물려 드리니 얼음장 같은 바닥에서 그대로 주무시더라고요. 침낭을 덮어드렸습니다. 돌이켜 보면 위기가 닥칠 때마다 불보살님이 아홉 스님을 도왔다고 생각합니다. 스님들도 다시 마음을 다지고 문이 열리는 날, 당당하게 나서자고 무언의 다짐을 했습니다.

회주 스님은 선원 안에 달력을 걸어 놓고 하루가 지날 때마다 날짜에 엑스 표를 그렸습니다. 육체적 한계에 다다른 대중에게 희망을 주고 더욱 독려하려던 마음으로 여겨집니다. 처음에는 90일이 언제 가나 막막했지만, 시간은 흘렀고 마침내 회향일이 코앞으로 다가왔습니다. 2월 6일 용맹정진을 끝내고 오전 4시 죽비를 내려놓는 순간, 스님들은 박수로 묵언을 풀었습니다. 혹독한 추위와 배고픔을 견디며 정진해온 도반에게 애정과 격려가 담긴 박수로 백 마디 말을 대신했습니다. 아홉 스님 모두 머리카락과 수염이 얼굴을 가리고 씻지 못해 초췌한 모습이었지만 눈빛은 맑게 빛나고 있었습니다.

2월 7일 기해년 동안거 내내 굳게 잠겨 있던 무문관 문이 열렸습니다. 당초 위례 상월선원 동안거 해제 법회는 아홉 스님은 물론, 90일간 천막법당에서 함께 기도해준 전국의 스님

총도감 호산입니다

총도감 호산입니다

상월선원 천막결사를
마치고 삼천대천세계에
큰 절 예경을 올리는
아홉 스님

총도감 호산입니다

과 불자들이 함께 하는 성대한 회향마당으로 기획되었다고 들었습니다. 하지만 코로나19가 발생하면서, 많은 대중이 참석한 해제 법회 대신, 종정예하를 비롯한 종단 스님들 몇 분만 참석하는 자리로 축소되었습니다.

특히 이날 무문관에 입실한 진제 종정예하께서는 아홉 스님에게 소참 법문을 내렸습니다. 종정예하는 "금일 모든 대중과 유정무정들은 아홉 분의 진면목을 아시겠습니까." 하며 주장자를 들어 보이며 "이 주장자, 이 진리를 바로 보면 일체중생의 스승이 될 것입니다. 이제부터 문을 활짝 열고 광도중생(廣度衆生)에 다 같이 매진합시다."라고 설하셨습니다.

무문관을 나서니 오랜만에 마주한 햇빛은 눈이 부셨고, 따뜻했습니다. 환호하는 스님과 불자의 목소리도 가까이 들렸습니다. 그리고 천천히 눈을 돌리니 결사 원만회향을 발원하며 전국의 스님과 신도들이 내건 소원등과 소원지도 보였습니다. 순간 속에서 뜨거운 것이 올라오면서 눈물이 맺혔습니다. 극한의 수행 속에서 고비가 정말 많았고 그것들을 넘길 때마다 어떤 마음이었는지를 떠올리니, 저도 모르게 눈물이 나왔던 모양입니다.

3개월간 치열한 정진을 끝내고 밖으로 나와 삼천대천세계에 3배를 올리는 순간 지켜보던 수많은 대중들도 눈물을 흘리고 있었습니다.

2월 8일 해제법회를 열었습니다. 수국사 법당에 신도들이 모였습니다. 재현스님과 인산스님도 같이 와 회향했습니다. 저를 비롯한 아홉 스님들이 성취한 극한의 도전과 인내의 정신이 이심전심으로 통했는지 일순간 울음바다가 되었습니다. 목숨 건 정진을 원만하게 마무리하고 한국불교사에 새로운 전설을 쓴 스님을 향해 신도들도 하나가 된 것처럼 뜨거운 눈물을 쏟았습니다. 그동안 수행자로 살아오며 가장 오랫동안 눈물을 흘린 순간이 아니었나 싶습니다.

해제 1주일 후 자승스님을 모시고 다시 위례 상월선원을 찾아갔습니다. 천막이 철거된 후 빈 자리에 서니 지난 90일간의 정진이 아득하게 느껴졌습니다. 그 자리에서 "회주 스님은 신도시 포교 거점도량이 될 상월선원에는 스님들이 정진할 선원과 재가불자들을 위한 시민선방이 건립돼 수행불교의 바람을 일으켜야 한다."는 당부를 하셨습니다. 지금도 그 말씀을 따라 위례 상월선원 불사는 이어지고 있습니다.

총도감 호산입니다

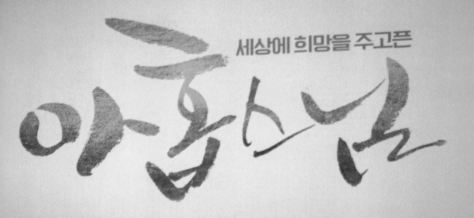

세상에 희망을 주고픈

아홉스님

VIP초청 시사회

기해년 겨울을 뜨겁게 달궜던 상월선원 천막결사 이야기는 이듬해 5월 다큐 영화로도 만들어져 선보였습니다. 영화는 동안거 기간 동안 내부 촬영을 맡았던 도림스님이 찍은 영상을 통해 90일간의 수행과 일과를 그려냈습니다. 공개되지 않았던 천막 안 스님들의 정진 모습을 스크린에서 만난 관객들 반응은 뜨거웠습니다. 종교영화로는 드물게 2만여 명의 관객을 동원하며 인내와 투혼의 감동을 전했다는 평가를 받았습니다.

저는 천막결사의 뜻을 잊지 않기 위해, 수국사로 돌아와 '묵언 템플스테이'를 시작했습니다. 텐트를 설치해 재가자들과 묵언, 절식하며 참선을 이어갑니다. 근래 상월선원 선원장 소임을 봤던 무연스님을 만났습니다. 대화 속에서 기해년 동안거를 통해 서로의 공부에 큰 이득이 있었다는 대화를 나눴습니다. 철두철미한 정진력으로 선원장 역할을 다한 무연스님에게 같은 길을 걷는 도반으로서 정말 고맙다는 말을 전합니다.

한겨울 난방도 안 한 천막에서 묵언하며 하루 한 끼를 먹으며 14시간씩 정진하고, 삭발, 목욕을 금한 채 옷 한 벌로 90일간 정진한 상월선원 천막결사는 조계종사에서 다시없을 대중무문관으로 기록될 것입니다.

총도감 호산입니다

고불문告佛文

한 자루의 향을 사르고, 삼가 부처님 전에 고합니다.

당신께서는 녹야원에서 처음으로 법륜을 굴리시며 말씀하셨습니다.

"세상에는 두 갈래 길이 있다. 하나는 욕망의 길이요, 하나는 혐오의 길이다. 고통의 나락으로 이끄는 이 두 갈래 길을 떠나 그 가운데 길을 걸어라. 이 길을 걸으면 눈이 밝아지고, 지혜가 늘어나고, 갈등과 대립이 사라지고, 고요하고 평화로워지며, 모든 고통이 소멸할 것이다."

저희들은 이제 당신의 길을 걷겠노라고 다짐합니다.

부처님, 당신의 가르침이 필요한 곳, 당신의 가르침이 구현되어야 할 곳은 세상입니다.

당신이 고행을 버리고 은둔자들의 숲을 떠나 마을 가까운 숲으로 찾아가셨듯이, 저희도 이제 위례신도시의 황량한 뜨락으로 찾아왔습니다.

저희에겐 이곳이 붓다가야가 될 것입니다.

부처님, 당신이 품이 넓고 그늘이 풍성한 나무 한 그루로 깨달음을 이룰 자리로 삼으셨듯이 저희도 이제 널찍한 천막 한 채로 깃들 자리를 삼았습니다.

저희에겐 이 천막이 보리수가 될 것입니다.

서릿발 같은 기상에 달을 벗삼을 마음만 갖춘다면 당신의 길에서 어찌 물러남이 있겠습니까?

그래서 저희는 수행처에 상월선원이란 이름을 붙였습니다.

머리를 깎고 가사를 입던 날, 저희라고 어찌 당신의 가르침에 생명을 바치겠노라 맹세하지 않았겠습니까.

고작 한 그릇이면 족할 음식에 흔들리고, 고작 한 벌이면 족할 옷에서 감촉을 탐하고, 고작 한 평이면 족한 잠자리에서 편안함을 구한 탓에 초발심이 흐려졌다 생각하니, 비통한 마음을 금할 길이 없습니다.

그래서 저희는 다음과 같이 청규를 정하였습니다.

첫째, 하루 14시간 이상 정진한다.

둘째, 공양은 하루 한 끼만 먹는다.

셋째, 옷은 한 벌만 허용한다.

총도감 호산입니다

넷째, 양치만 허용하고 삭발과 목욕은 금한다.

다섯째, 외부인과 접촉을 금하고, 천막을 벗어나지 않는다.

여섯째, 묵언한다.

일곱째, '규약을 어길 시 조계종 승적에서 제외한다'는 각서와 제적원을 제출한다.

그리고 당신이 보리수 아래에서 선정에 들면서 맹세하셨듯이 저희도 당신을 따라 맹세합니다.

여기 이 자리에서 내 몸은 말라버려도 좋다.

가죽과 뼈와 살이 녹아버려도 좋다.

어느 세상에서도 얻기 어려운 저 깨달음에 이르기까지 이 자리에서 죽어도 결코 일어서지 않으리라.

저희의 맹세가 헛되지 않다면, 이곳이 한국의 붓다가야가 될 것입니다.

비구 자승, 무연, 성곡, 진각, 호산, 심우, 재현, 도림, 인산 삼가 올립니다.

발원문發願文

삼계三界의 도사導師이고
사생四生의 자부慈父이신 부처님!
천수천안으로 중생을 어루만져주시는 관세음보살님!
우리 대한불교조계종의 종조이신 원적도의元寂道義 국사님을 이어 한국불교 1,700년 역사를 지켜오신 역대 조사 스님들께 오늘 상월霜月선원 봉불 법요에 동참한 대중이 머리 숙여 감사드리며 발원합니다.
인류의 큰 스승이신 석가모니부처님!
불교중흥과 인류화합을 발원하며 동안거 결제에 들어가는 결사 동참대중과 외호대중들은 오늘 상월선원 천막법당에 부처님을 모시는 봉불 법요의식을 봉행하고 있습니다.
오늘 이 특별한 봉불 법요를 시작으로, 상월선원 동안거 결제 대중은 부처님 지혜를 증득하는 기쁨을 누리게 되고 우리 땅 곳곳에 새로운 불교의 등불이 피어나서 뿔뿔이 흩어진 국민들의 마음을 안정시켜 화합이 이루어지고 모두 건

총도감 호산입니다

강하고 안전하며 가족이 화목하게 살아가고 한국불교의 미래가 환하게 밝아지기를 기원합니다.

삼계의 대도사이신 석가모니부처님!

상월선원 결제대중은 어떤 어려움이 닥치더라도 흔들리지 않고 수행정진하고, 외호대중들은 한국불교에 새역사를 이룩하는 결제대중이 수행에 매진할 수 있도록 몸과 마음으로 하나 되어 지켜주겠습니다.

저희들의 이런 발원이 원만하게 성취될 수 있도록 힘을 주시옵소서!

온 세상에 부처님의 지혜와 자비가 충만하여 사람들이 모두 기쁜 마음으로 나와 남을 위해 함께 기도하고 어려운 이웃을 기꺼이 돌보는 부처님 제자의 삶을 살아가게 해주시옵소서!

나무 석가모니불
나무 석가모니불
나무 시아본사 석가모니불

불기2563년 11월 4일
대한불교조계종 상월선원
봉불법회奉佛法會 동참대중 일동 합장

2
:
고단한 만행의 길

· 길 위에서의 수행 ·

상월결사 수행정신 순례로 확장

• 2020, 공주 예비순례 •

———

"천막결사에 이어 상월선원의 시즌 2는 인도만행결사입니다. 길에서 태어나 길에서 열반하실 때까지 항하사 모래와 같이 많은 중생을 만나 진리를 설하신 부처님 발자취를 따라 걷겠습니다. 위대한 스승의 삶을 돌이켜보고, 부처님께서 남기신 가르침을 깊게 되새기려 합니다."

상월선원 천막결사는 사부대중이 함께하는 수행불교의 저력을 일깨운 역사의 한 페이지를 만들었습니다. 상월결사 회주 자승스님은 천막선원에서 정진을 이어갈수록 수행 정진의 끈을 놓아선 안되겠다는 결심을 단단히 굳히셨습니다. 기해년 동안거 해제 무렵 자승스님과 필담을 나누었습니다. 수행

총도감 호산입니다

해야 불교가 중흥되고 화합과 평화도 이룰 수 있다는 결론을 내렸습니다. 부처님께서 출가해 먼저 걸으신 정법의 길을 따라, 스승의 생애와 가르침을 다시금 선양시키겠다는 원력으로 인도순례를 계획했습니다. 2020년 부처님오신날을 앞두고, 인도순례의 뜻을 세상에 알렸습니다.

부처님께서 45년 동안 중생을 향한 발걸음을 멈추지 않았듯 우리는 인도 불교 성지를 40여일간 걷겠다고 선언했습니다. 1,000km가 넘는 부처님 7대성지를 걷기 위해선 일주일에 5~6일을 걷고 다음 하루 정도는 쉬면서 성지를 참배하는 일정으로 순례를 이어가기로 했습니다. 하루 평균 30km를 걸어야 하는 강행군이었지만, 부처님께서 걸으신 길을 따르는 일이니 해낼 수 있다는 자신감이 충만했습니다.

안타깝게도 상월선원의 인도순례는 우리의 원력대로 실현되지 못했습니다. 전 세계에 코로나19가 창궐하면서 인도 입국 자체가 불가능해졌기 때문이었습니다. 좌절도 잠시, 인도순례라는 대작불사를 시작하기 전 우리나라에서 예행연습을 하자고 결정했습니다. 그렇게 공주 한국문화연수원에서 예비순례를 시작하며, 상월결사 순례의 서막이 올랐습니다.

이제 와 생각해 보면, 예비순례를 하지 않았다면 어땠을까 아찔할 정도입니다. 모든 것은 회주 스님의 탁월한 혜안과 결단력이 있어 가능한 일이었어요. 길이 잘 닦이고, 가는 곳마다 화장실 찾기가 어렵지 않은 우리나라에서조차 100여 명이 함께 순례하는 일은 쉽지 않았습니다.

100명이 질서정연하게 걷고 생활하는 것은 물론, 먹고 잘 데를 챙기는 것도 큰일이었죠. 국내도 쉽지 않은데 인도는 어떻겠습니까. 우리나라와 달리 낮과 밤 기온 차가 크고 환경이 매우 척박한 곳입니다. 제대로 준비하지 않는다면 순례 중 낙오자가 속출할 것이 불 보듯 뻔한 일이었습니다. 신심과 원력만으로 순례를 떠날 수는 없던 차에 예비순례가 기획된 것입니다.

자승스님께서 처음 인도순례 원을 세웠을 때 제 스스로에게 던진 질문은 '과연 잘 해낼 수 있을까'였습니다. 30km나 되는 거리를 걸어본 적이 없기 때문에 저 또한 연습이 절실했습니다. 2020년 7월 27일부터 30일까지 공주 한국문화연수원 일대에서 진행한 예비순례에는 비구 비구니 우바새 우바이 총 120명이 참여했습니다.

천막결사가 순례로 이어질 수 있었던 것은 정진 대중들이 "수행의 힘으로 불교 발전의 원동력을 만들어야 한다."는 공감대를 형성했기 때문입니다. 예비순례 첫날 정진을 마친 후, 회주 스님은 지금 우리가 왜 수행해야 하는지 역설하셨는데, 사부대중이 나서서 침체된 한국불교에 신심을 불어넣어야 한다고 강조하셨습니다. 회주 스님은 말씀 도중 상월선원 동안거 천막정진을 떠올리며 말을 잇지 못하셨는데, "생각보다 만만치 않았다."는 스님 말씀을 들으니 저도 덩달아 눈시울이 붉어졌습니다.

어려운 역경을 수행으로 이겨내는 모습을 대중들에게 보여주고 싶었다는 회주 스님 말씀을 들으며, 천막에서 나눴던 필담들이 떠올랐습니다. 이제는 선방이 아닌 길에서 보다 많은 사람들에게 우리가 정진하는 모습을 보여주고, 사람들로 하여금 '우리도 더 신심을 내어 기도하고 수행해야겠다'고 발심할 수 있게 실천으로 보여줘야겠다는 뜻을 예비순례 때 확고히 했습니다.

코로나 팬데믹으로 비록 인도에 가지 못했지만, 마음만은 인도라는 생각으로 예비순례를 시작했습니다. 3일 동안 대중

총도감 호산입니다

들은 하루 30km를 걸었는데 첫날부터 여의치 않았습니다.

순례하면서 비가 내리기 시작하더니, 새벽에는 앞이 보이지 않을 정도로 비가 왔습니다. 3일 내내 쏟아지는 장대비를 온몸으로 맞으며 걸어야 했죠. 땅을 내리치는 빗줄기는 우의를 파고들었습니다. 승복이며, 운동화며 폭삭 젖은 채로 걸었습니다. 손과 발도 퉁퉁 불었습니다. 휴식시간에 양말을 비틀어 짜도 순간이었습니다. 젖은 양말을 신고 걸으니, 발가락 사이사이, 발바닥에 물집이 잡혔습니다. 물집을 짜내면서도 걸음을 멈추지 않았습니다.

마지막 날 모든 정진을 마친 대중들은 한자리에 모여 자자시간을 가졌습니다. 대중들은 인도순례 동참에 대한 한결같은 바람을 밝히며, 걸어서 부처님 성지를 순례할 수 있는 기회를 준 자승스님께 감사 인사를 올렸습니다. 자승스님은 순례의 목적은 한국불교 중흥에 있음에 방점을 찍어주셨습니다. 스님은 한국불교가 처한 위기를 일찌감치 절감하셨고, 당장 성과를 기대하는 게 아니라, 10년 이상을 내다보는 안목으로 포교를 해야 한다고 강조하셨습니다.

이날도 불교중흥이 멀리 있는 것이 아니라는 가르침으로

총도감 호산입니다

다시 한 번 깨침의 죽비를 내리쳤습니다.

"학인이라면 자신의 자리에서 열중하는 것이 중흥불사의 기초이며 주지 소임자도 마찬가지입니다. 선방 수좌라면 좌복 위에 엉덩이가 썩어 문드러져도 도를 깨치겠다는 원력, 기도하는 스님이라면 목에서 피가 나더라도 내 기도를 듣는 이가 기도 성취를 하겠다는 원력이 있어야 합니다. 스님이고 불자라면 만나는 사람 한 명은 반드시 포교하겠다는 원력이 있어야 함에도 그 원력이 부족합니다. 전법포교를 하지 못하면 죽겠다고 하는 사람이 과연 얼마나 될까요. 원력 없이 안일한 생각을 갖고 있기 때문에 중흥이란 말이 필요합니다."

각자의 위치에서 한국불교 중흥을 이루겠다는 간절함으로 뼈를 깎는 노력과 실천이 필요하다는 회주 스님의 법문은 전 대중의 가슴에 아로새겨졌습니다.

고불문告佛文

시방삼세에 두루하시는 부처님께
지극한 마음으로 귀의하옵니다.
오늘 도량에는 불법 아래 진중한 인연이 조화롭고,
공존과 상생을 실천하겠다는 서원으로 일심을 이루었으니,
거룩한 부처님께 고하여 올리는 마음 또한 청정합니다.
사회의 평온과 화합을 환하게 밝히겠다는
사부대중의 서원이 더없이 선명하기에
불은으로 열어주신 길을 따라 힘차게 걷고자 합니다.
우리가 내딛는 걸음걸음을 섣불리 고행이라 여기지 않고
한걸음이 행원의 과정이요,
한걸음마다 의지의 실천으로 삼겠나이다.
부처님께서 열어주는 마음의 길을 따라 함께 걷고
그 길을 걸으며 나에게 묻고 나에게 답을 얻겠습니다.
근래에 수많은 생명은 고통에 쌓이고 세상은 어지럽기에

첫걸음을 나서는 마음에 걱정이 앞서지만,
걷는 길에는 감사해야 할 대지가 풍요롭고
서로가 의지하는 서로가 바로 곁에 있으니,
불국토를 장엄하는 사람과 사람 사이를
묵묵히 걸어가겠나이다.
우리 사회에 드리운 어두운 그림자는 맑게 걷어내고
불안한 국민의 마음은 깨끗하게 씻어내어

희망과 행복의 웃음을 찾을 수 있도록 매일 축원하겠나이다.
국민들이 편안하여 화합이 이루어지고
모두가 건강하고 안전하여 이웃과 함께 화목하며,
한국불교의 미래가 환하게 밝아지도록
일심으로 정진하겠습니다.
신심과 원력이 하나가 되는 정진이 곧,
너와 나를 이어주는 자비와 지혜의 길이며,
모든 사람의 복덕으로 고르게 나눠주는
회향의 공덕임을 알아가겠나이다.
이미 정토인 곳에서는 예경을 올리고,
이제 정토가 되어야 할 곳에서는

총도감 호산입니다

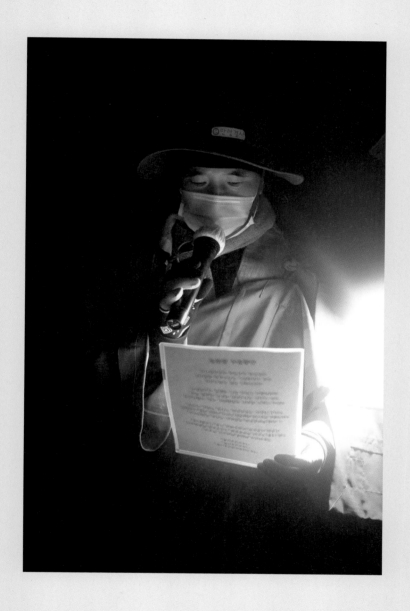

오늘의 정진을 기꺼이 나누어 보답하겠나이다.

지난 상월선원 천막결사의 열정과 성원은,

감동하고, 감사하고, 회향하는 실천이

얼마나 가슴 깊이 진중한 것인지를 알려주었습니다.

천막결사의 정신은 여전히 뜨겁고 생생합니다.

수행의 진작이 불교 중흥의 주추를 세우는 일이며

국민의 화합으로 이어지고 세상의 평화로 화답해 오는 길임을

저희들은 이번 만행결사의 한걸음 한걸음에서도

알아가겠습니다.

총도감 호산입니다

걸음마다 뭇 생명의 평안 발원

• 2020, 국난극복 자비순례 •

—

"한국불교에 위기가 왔다는 사실이 증명되고 있지만 많은 사람들이 체감하지 못해 안타깝습니다. 이는 스님과 불자 누구 하나의 잘못이 아니라 모두가 머리를 맞대고 지혜를 모아야 할 일이에요. 우리 순례를 두고 이벤트라고 폄하할 수 있지만, 이런 작은 움직임이라도 있어야 불자들이 신심을 냅니다. 불자들이 아닌 사람들 또한 불교에 관심을 갖고 귀의하는 계기가 될 수 있습니다."

코로나19로 인도순례를 무기한 연기해야 했지만, 천막결사 정신과 원력은 '불교중흥 국난극복 자비순례'라는 이름으로 펼쳐졌습니다. 사부대중이 함께 부처님처럼 걸으며 가르침을

되새기고 전법과 포교를 위해 앞장서겠다는 뜻으로 대구 동화사에서 서울 봉은사까지 511km를 걷는 대장정을 기획했습니다.

공주 예비순례에서 하루 30km 정진이 녹록지 않음을 절감한 대중들이 회향할 때 각자 처소에서 연습하겠다고 다짐하고 돌아간 어느 날, 회주 스님께서 새벽 정진을 제안하셨습니다. 순례를 원만하게 회향하기 위해서는 체력과 인내심을 갖춰야 한다는 취지에서 8월 20일 정진을 시작했습니다. 그 후 회주 스님과 저는 물론 참가하겠다고 원력을 세운 사부대중 50여 명은 매주 목요일 오전 3시 서울 봉은사에서 만나 3시간씩 걸었어요. 봉은사를 출발해 한강 둔치를 걸어 천호대교 남단까지 갔다가 돌아오는 코스였습니다. 새벽정진은 연습 과정이지만 마음가짐이나 행동거지는 본 순례와 다르지 않았어요. 스님들은 가사를 수하고, 손에는 108 염주를 들고, 묵언하면서 안행하듯 걸었습니다.

자비순례를 앞둔 대중들 마음이 얼마나 경건했는지는 새벽정진만 봐도 알 수 있었어요. 8월 20일 정진을 시작한 후에 쉬지 않았는데, 9월 3일 9호 태풍 마이삭이 한반도를 강타한

날에도, 9월 10일 갑작스런 폭우가 쏟아지던 날에도 걸음을
멈추지 않았습니다.

행선을 이어가며 대장정을 소화할 수 있는 체력을 갖추게
되었고, 완보에 대한 의지도 단단해졌습니다. 자비순례 출발
직전 마지막 새벽정진을 한 9월 24일에는 70여 명의 사부대중
이 함께했습니다. 3시간에 가까운 정진을 마무리하며, 순례를
제대로 회향해 한국불교에 새바람을 일으키자는 원력을 다졌
습니다.

10월 7일 대구 동화사에서 출발해 서울 봉은사까지 총
511km를 걷는 자비순례만행결사는 움직이는 불교를 향한 첫
신호탄이었습니다. 사부대중 100여 명은 10월 7일 오전 10시
동화사 통일대불전 앞에서 당시 조계종 종정예하 진제법원 대
종사께서 참석한 가운데 입재식을 갖고 본격적인 순례가 펼쳐
졌습니다.

만행결사로 불사가 확장되면서 저는 순례 전반을 책임지는
총도감이 되었습니다. 회주 스님의 가르침대로 기다리는 불
교가 아닌 움직이는 불교, 소극적인 불교가 아닌 적극적인 불
교, 침체된 불교가 아닌 활기찬 불교를 꿈꾸며 21일간의 순례

총도감 호산입니다

길에 올랐습니다. 미래불교는 사부대중이 함께하는 불교가 되어야 한다는 회주 스님 가르침에 한 발 더 가까이 다가가겠다는 마음으로 대중들도 쉼 없이 움직였습니다.

자비순례에 함께한 대중들은 매일 새벽 간절한 마음으로 발원문을 읽고 길을 나섰습니다. '부처님께서 인류의 정신 새벽을 여시었듯이 오늘 우리는 국난극복의 새로운 새벽을 열어 국민이 기쁘고 행복한 보살행원의 길을 가겠다'는 내용입니다.

코로나19에 대한 우려가 있었지만 매 순간 방역수칙을 철저히 지키며 안전한 순례길을 만들었습니다. 천막결사 때처럼 한 사람의 낙오자 없이 순례를 이어갔습니다. 모두 함께 회향하자는 회주 자승스님의 원력은 이번에도 통했습니다. 매일 30여km를 걸으며 힘든 여정을 이어가며 부상자가 속출했지만, 중도에 포기하는 사람은 없었습니다.

자비순례는 출발부터 모두가 평등한 사부대중 공동체를 표방했습니다. 출재가와 좌차를 따지지 않고 평등하게 먹고 자고 걸으며 우리 사회에 모범적인 수행공동체의 모습을 제시했습니다. 거리가 더해질수록 커다란 돌덩이를 이고 걷는 것처럼 육신의 고통은 점점 심해졌지만, 하루 시작을 알리는 도량석이 울리면 누가 먼저랄 것도 없이 누워있던 자리를 박차고 일어나 두 발을 믿고 부지런히 걸음을 옮겼습니다. 동화사를 시작으로 대구 달성, 칠곡, 구미, 상주, 문경을 지나 순례 11일째 되는 날 이화령을 넘어 충북 괴산에 도착했습니다. 이어 충주를 거쳐 경기도 여주, 양평, 남양주까지 단 한 명의 낙오자 없이 두 발로 걸어냈습니다.

회주 자승스님은 이번 만행결사에서도 인내와 자애로 대중을 대하며 선두에서 순례단을 끌고 나갔습니다. 큰 일교차로 결로가 심해, 새벽이면 텐트가 축축하게 젖었는데, 회주스님은 똑같이 그곳에서 잠을 청하고 누구보다 일찍 일어나 자신이 아닌 스님과 재가불자들을 살폈습니다.

전 대중은 회주 스님에 의지해 정진했습니다. 무릎 통증이 심해 밤마다 소염제를 복용하면서도 '괜찮다'는 말 한마디로 상대를 편안하게 만들어 주셨습니다. 고통을 인내해가며 어른이라고 공양도 먼저 하지 않고 코로나라는 세계적인 아픔을 이겨내기 위해 묵묵히 실천하는 모습으로 무언의 법문을 설하시고 있었습니다. 실천하지 않는 원력은 아무 소용이 없

　　　　　　　　　　　　　　총도감 호산입니다

다는 가르침이었습니다.

백 마디 말보다 앞선 실천을 보여준 자승스님 곁에서 느낀 바가 많습니다. 과거 스님이 종단의 행정수반으로 계실 때 정치적인 면모만 봤다면 이제는 불교를, 조계종단을 생각하는 어른으로 모시게 되었습니다. 수행자의 행(行)이 어떤 법문보다 효과적이라는 것도 알게 되었습니다. 그 모습에 감화되어 스님과 재가불자들이 스님을 따르는 것 아니겠습니까. 부처님 팔만사천 가르침이 전해지고, 지식도 넘쳐나지만, 이렇다 할 행동을 보여주는 리더를 찾기 어렵습니다. 설화만 가득한 세상에서 직접 행동하는 종단의 어른을 가까이 모시는 게 저의 복이라고 생각합니다.

어른 스님의 자애심과 원력으로 이어진 자비순례 회향이 눈앞으로 다가왔습니다. 순례를 완주해 내겠다는 확신에 찬 걸음걸음이 아름다운 가을을 물들여갔습니다. 쉼 없이 움직이며 걸으면 살고 멈추면 죽는다는 사부대중의 결연한 각오가 온 천하대지를 감싸 안는 듯했습니다. 순례 20일째인 10월 26일 드디어 봉은사 일주문을 넘었습니다.

총도감이라는 소임을 처음으로 맡아 수행하며 그동안 거

리에서 받은 따뜻한 마음들을 영원히 잊지 못할 것입니다. 길 위에서의 만남을 통해 저는 그곳에서 새로운 희망을 보았습니다. 불교신자도 있고 비신자도 있었고, 정치인과 기관장 등 고위직도 있었고, 필부필녀도 있었습니다. 충주를 지날 때는 100년이나 된 정미소에서 잠깐 쉬어갔어요. 이른 새벽이라 스님들이 머문 시간은 10분 정도에 불과했는데, 정미소 사장이 스님들 편히 쉬라고 자리를 깔아주고, 화장실 청소도 깨끗이 해두셨습니다. 코로나 때문에 100명에 달하는 사람들이 찾아오는 것을 부담스러워하던 시절이었는데, 정미소 사장의 배려에 감동을 받았습니다. 스님들이 순례길에 공양하라며, 막 도정한 쌀까지 보시한 사장님 덕분에 순례의 고단함을 잊을 수 있었어요.

순례행렬을 바라보며 합장 인사하고 스님과 불자들 고행에 눈물 보이는 이들도 만났습니다. 순례단이 행선하는 모습을 본 한 마을주민은 쉬는 틈에 찾아와 음료수 공양을 올렸습니다. 저희가 묵었던 캠핑장 사장은 다른 캠핑장에서 난로를 빌려와 나눠주고, 언 몸을 녹이라며 장작불을 지펴주며 자비심을 베풀었습니다. 순례하는 스님들을 보며 신심이 나 공양하는 스님, 불자들이 많아졌어요. 어느 때는 공양물이 너무 많아 숙영지 이웃 주민들에게 나눠주기도 했습니다.

공양을 받고 나누면서 2500여 년 전, 전도의 길을 나섰던 부처님께서도 이렇게 수행하셨겠구나 하는 생각이 스쳤습니다. 부처님을 위시해 스님들이 기러기처럼 줄을 서서 탁발을 하고, 신도로부터 받은 공양물을 이웃과 나눔으로서 자비와 보시를 실천하셨겠지요.

1250아라한과 길을 걸으며 대중들 사이에서 혹은 외부와의 접촉 등으로 문제가 생겼을 때 청규를 정하고, 각자에게 맞는 소임도 정했을 것으로 짐작했습니다. 길에서 만난 수많은 불자들이 부처님 가르침을 찬탄하며 공양도 올렸을 것입니다. 이런 모습 하나하나가 만행결사 걷기 순례의 희망을 만들었습니다.

기해년 동안거 천막결사로 출발해 만행결사로 이어지는 상월결사는 신도 감소에 따른 사찰 재정의 위기, 출가자 급감 등 직면한 문제들을 풀어가려는 새로운 시도였습니다. 또한 움직이는 불교를 향해가는 첫걸음이자, 변화를 알리는 신호탄이기도 합니다. 위례 상월선원에서 저는 무문관 정진을 하

총도감 호산입니다

는 중, 천막 법당에서 사부대중이 일심으로 기도하고 수행하면 엄청난 시너지 효과를 발휘한다는 것을 체험했습니다. 천막 밖이 활발할수록, 천막 안 수행열기도 뜨거워졌거든요. 그리고 사부대중이 함께하는 불교, 움직이는 불교, 적극적인 불교, 활동적인 불교로의 전환이 한국불교가 나가야 할 방향임을 깨달았습니다.

회주 자승스님은 사부대중이 함께 불교 미래를 열어가야 한다고 주문했습니다. 자승스님은 "무문관 두 철을 나고 천막결사를 회향하고 느낀 점은 사부대중이 함께하면 불교가 중흥된다는 것이다. 불교 주인은 스님이 아니라 사부대중이며, 스님과 불자가 하나의 공동체가 돼 일으켜야 한다는 게 내가 가진 확신이다."라고 재차 강조했습니다. 비구 비구니 우바새 우바이가 한마음으로 정진하는 현장인 천막결사와 만행결사는 이런 스님의 확신이 틀리지 않았음을 보여주고 있었습니다. 결사 대중을 대표해 이날은 당시 종회의장 소임을 보고 있었던 범해스님이 한국불교가 짊어져야 할 과제를 구체적으로 알려줘 고맙고 대구에서부터 대중들을 이끌고 올라온 회주 스님에 대한 고마움을 표현했습니다.

총도감 호산입니다

총도감 호산입니다

자비순례 회향을 하루 앞둔 자자 시간. 회주 스님의 사자후는 우리에게 다시 한 번 큰 숙제를 남겼습니다. 불자 인구는 감소하고 출가자 또한 줄고 사찰 재정도 어려워지는 현실을 똑바로 직시해 지금처럼 방심하고 안일하게 있어선 안 된다는 말씀이었습니다. 인도에 가면 부처님 성지 흔적만 있을 뿐 불교는 사라지고 없다고 지적하며 한국불교가 이대로 안주한다면 인도처럼 문화재로 박제되어 박물관에서나 만날 수 있음을 경고했습니다.

회주 자승스님은 "불교 미래를 내다보고 불교중흥을 위해 사부대중이 차별 없이 함께 노력하자고 만행결사가 이뤄졌다는 것을 잊지 말아야 합니다. 우리가 보여준 평등 공동체가 한국불교를 일으키는 데 원동력이 되길 기원합니다."라는 가르침으로 앞으로도 불교가 세상을 위해 힘

찬 걸음을 내디딜 것을 서원하셨습니다.

10월 27일 봉은사. 동화사 약사여래부처님 앞에서 코로나 극복과 불교중흥을 발원하며 순례에 오른 상월선원 만행결사 자비순례단은 511km 대장정을 마무리하는 회향법회를 가졌습니다. 회향 당일임에도 순례는 멈추지 않았습니다. 봉은사에서 천막결사 정신이 서린 위례 상월선원까지 왕복으로 다녀오는 일정을 소화했습니다. 입재 때부터 하루 평균 20~30km 강행군을 펼쳐왔기에 순례단의 발걸음은 어느 때보다 힘이 넘쳤습니다. 이른 아침 아홉 스님이 목숨 걸고 정진했던 도량에서 원만 불사 추진을 두 손 모으고 기도했습니다. 회향을 위해 봉은사 미륵부처님을 향해 다시 걸음을 뗐습니다. 이제 곧 회향이라는 사실에 고통에서 벗어날 수 있다는 안도감과 동시에 언제 다시 이 길을 걸어볼까 하는 아쉬움이 걸음걸음에 묻어났습니다.

자비순례 결사 대중들은 끝으로 회향발원문을 낭독하며 한국불교 중흥의 힘찬 출발을 알렸습니다. 그간의 순례 여정과 앞으로의 역할이 이 발원문에 담겼습니다. "동화사에서 봉은사까지 사부대중 모두가 걸으며 길 위에서 먹고, 길 위에서

총도감 호산입니다

자며, 국민의 아픔과 고통에 가까이 다가서는 보살행원을 이루고자 했습니다. 동참 대중 모두 이 나라 아름다운 가을을 지나오며 불국토가 지금 여기에 있기를 발원했습니다. 이 원력과 신심이 널리 퍼지고 이어져 한국불교 중흥의 힘찬 출발이 될 수 있기를 부처님 전에 엎드려 절합니다."

사부대중이 평등하게 먹고 자고 걸으며 국난극복과 불교 중흥을 발원한 자비순례는 천막결사에 이어 전례 없는 결사로 기록됐습니다.

회향은 끝이 아닌 또 다른 시작을 알리고 있었습니다.

자비순례 발원문發願文

시방삼세 부처님께 귀의하옵니다.
우리 사부대중은 국난극복을 염원하는
자비순례의 길을 걷겠나이다.
부처님께서 인류의 정신 새벽을 여시었듯이,
오늘 우리는 국난극복의 새로운 새벽을 열어,
국민이 기쁘고 행복한 보살행원의 길을 가겠나이다.
우리가 내딛는 걸음걸음은 고난과 고행이 아니라,
부처님께서 걸으시며 행하셨던 진리와 자비의 행을 이어받아,
이 땅에 불국정토를 장엄하는 길임을 믿겠나이다.
지극한 마음으로 자비순례의 길을 나서옵니다.
동참대중 모두가 불교중흥과 국난극복을 발원하오니
섭수하시어 환하게 밝혀주시옵소서.

총도감 호산입니다

나무 석가모니불

나무 석가모니불

나무 시아본사 석가모니불

불기2564년 10월 27일

상월결사 국난극복 자비순례 사부대중 일동

회향 발원문發願文

시방삼세 두루하신 부처님 전에 발원하옵니다.

오늘 우리는 불교중흥과 국난극복을 염원하는

만행결사 자비순례를 원만성취하였습니다.

동화사에서 봉은사까지

사부대중 모두가 511km를 걸어

길 위에서 먹고, 길 위에서 자며,

국민의 아픔과 고통에 가까이 다가서는

보살행원을 이루고자 했습니다.

불보살님의 가피와 역대조사님들의 보살핌으로

여법하고 무탈하게 순례를 마치게 되어 감사드리옵니다.

가까이에서, 멀리에서, 지원하고, 격려하고, 박수를 보내주신

도반들께도 깊은 감사를 드립니다.

우리 동참대중 모두는

이 나라의 아름다운 가을을 지나오면서

총도감 호산입니다

불국토가 지금 여기에 있기를 발원하였나이다.

코로나19 전염병으로 고통 받는 이 땅에도

불자 도반들이 함께하는 곳이라면

어디든 불국정토라는 서원을 세우고 또 세웠나이다.

이 원력과 신심이 널리 퍼지고 이어져서

한국불교 중흥의 힘찬 출발이 될 수 있기를

사부대중 모두는 부처님 전에 엎드려 절하옵나이다.

나무 석가모니불

나무 석가모니불

나무 시아본사 석가모니불

불기2564년 10월 27일

상월결사 국난극복 자비순례 사부대중 일동

걷고 수행하는 모습이 곧 포교

—

"상월선원 만행결사 삼보사찰 천리순례 정진을 시작하겠습니다."

총도감 소임을 맡아 삼보사찰 천리순례를 시작하는 매일 새벽 대중에게 외쳤던 말입니다. 하루 30km 안팎을 걸어 숙영지에 도착해, "상월선원 만행결사 삼보사찰 천리순례 정진을 마치겠습니다." 하면 하루 정진을 무사히 마쳤다는 의미였어요.

사부대중 100여 명이 함께 가는 순례길은 녹록치 않았습니다. 혼자서 삼보사찰 천리순례를 걷는다고 하면, 내 마음대로 가다가 쉬고, 뛰어가다 걸어가다 할 수 있지만 대중이 움직이는 것은 다르거든요. 순례길에서 저는 20대부터 70대까지 세대도 다르고, 지위도 다른 스님과 재가자들이 걷는 수행을 통해 하나가 되어가는 과정을 보았습니다. 부처님께서 제자들에게 최우선으로 말씀하신 '화합'을 실현하는 모습이었죠. 그 중심에는 항상 회주 자승스님이 계셨습니다.

회주 자승스님은 침체일로를 걷는 한국불교에 새로운 변화를 지속적으로 만들어 가려 노력하셨습니다. 불교가 지금보다는 더 활발해지고 대중에 가깝게 다가가길 바라는 간절함이 한국불교 전반으로 확산되길 염원했습니다. 변화를 위한 몸부림은 2021년 2월 '수미산원정대'라는 포교결사체를 탄생시켰습니다. 침체일로를 겪는 한국불교에 작은 움직임이라도 지속적으로 만들어내고 싶으셨던 겁니다.

수미산원정대라는 이름은 회주 자승스님이 기해년 천막결사를 하던 중 "땅이 노래하고 하늘이 춤을 추니, 수미산이 사바세계로구나"라는 게송으로 가르침을 준 데서 따왔습니다. 우리가 살고 있는 삶 속 마음속 한가운데인 사바세계에 수미산이 있음을 깨쳐 사부대중이 세상 속에서 불교중흥과 세상의 화합, 평화를 이룩하고자 하는 원력들의 모임을 창설하신 겁니다.

회주 스님의 간곡한 목소리가 봉은사 보우당에 장엄하게 울려 퍼졌습니다. 한국불교에 위기가 왔다는 사실을 직시할 것과 부처님과 인연 맺도록 선봉에 서 줄 것을 대중들에게 요청했습니다. 오면 받고 가면 보내는 잘못된 인연법과 소극적인 자세, 그릇된 배려 속에 거대한 불교가 침몰하고 있다며 더 이상 가만히 두고 봐선 안 된다는 절절한 외침이었습니다.

이 자리에 함께한 사회 각계각층의 지도자들은 부처님 가르침을 잘 배워 가족, 주위 친구, 지인 등에게 부처님과 인연 맺도록 주도적 역할에 앞장설 것을 다짐했습니다. 이 포교결사체는 전심전력으로 힘을 기울이면 새로운 인연들을 만들어 갈 수 있다는 가능성을 증명해 내게 됩니다.

"부처님께서는 길에서 나시고, 길에서 깨달으셨으며, 길에서 전법을 펼치시고, 길에서 입멸하셨습니다. 우리는 그런 마음으로 묵묵히 걸었습니다. 실천하지 않으면 진리가 아니요, 걷지 않으면 길이 아닙니다."

총도감 호산입니다

총도감 호산입니다

상월결사 회주 자승스님의 법문이 사부대중의 마음을 울리고 가슴을 때립니다. 출가자가 줄고 불교신도가 줄어드는데 과연 우리는 그동안 어떤 노력을 기울여왔던 걸까요. 제 스스로에게도 묻지 않을 수 없었습니다. 부처님께서 왕자의 신분을 버리고 세상 가장 낮은 곳에서 평생을 전도하셨듯, 어느새 저희 발걸음도 다시 길 위에 섰습니다.

2021년 9월 30일 천막결사와 자비순례에 이은 세 번째 수행결사의 막이 올랐습니다. 생전 부처님께서 한곳에 정주하지 않고 사람들을 고통에서 구하기 위해 부지런히 다니신 모습을 닮아가기 위해서였습니다. 이번엔 '삼보사찰 천리순례'라는 이름으로 한자리에 모였습니다. 출발 전 불교중흥을 향한 사부대중의 힘찬 목소리가 도량에 울립니다.

"부처님께서 걸으신 전법과 포교의 길이 우리 땅에도 똑같이 살아있음을 환희심으로 체감하고 한국불교 전통계승 순례, 불교중흥 원력동참 순례, 사회갈등 극복화합 순례임을 여실히 알아가겠다."

천리순례는 선대 스님들이 걸었던 치열한 구법정신을 새겨 사부대중이 한마음 한뜻으로 불교중흥을 위해 정진한 구법

여정이었습니다.

불법승 삼보에 대한 강렬한 염원이 담긴 삼보사찰은 우리나라만이 갖는 독특한 성지입니다. 천릿길 순례가 더욱 특별했던 것은 세계 어디에도 없는 한국불교만의 특색을 담은 길을 새로 냈다는 점입니다. 스페인 산티아고 순례길과 견주어 봐도 부족함이 없는 '붓다로드'입니다. 어디 내놓아도 훌륭하고 자랑스러운 불교 순례길이 열리길 발원하며 한걸음씩 발을 움직였습니다.

2600여 년의 불교 역사에서 순례는 부처님을 닮아가기 위해 일생을 바친 옛 스님들의 구도 여행이었습니다. 오로지 법을 구하겠다는 일념으로 다시 돌아올 수 없을지도 모르는 험난한 길을 나섰죠. 달마스님은 인도에서 중국으로 법을 전하기 위해 왔고 통일신라시대 혜초스님의 인도 구법행 또한 목숨을 건 대장정이었습니다. 진리를 구하기 위한 구법승들의 이러한 순례는 불교가 융성할 수 있는 중요한 계기를 마련했습니다.

삼보사찰 천리순례는 이런 정신을 이어 사부대중이 함께 미래불교를 만들어 가려는 만행의 길이자 구법승의 길이었습니다. 참가 대중은 전법 역사가 생생하게 살아있는 길을 걸었습니다.

스님과 불자들이 수행하고 신행활동을 하는 살아있는 성지를 두 발로 걸으며 신심을 높이고 자부심을 키웠습니다. 승보종찰 송광사를 출발해 구례 화엄사와 사성암, 천은사와 시암재, 성삼재, 실상사, 오도재를 거쳤습니다. 전남에서 전북을 지나 경남에서 지리산을 두 번 넘어 해인사에 다다랐습니다. 불교성지로 손꼽히는 사자평을 지나 불보종찰 통도사에 이르기까지 순례 대중들은 불교중흥을 되새겼습니다.

삼보사찰 천리순례단은 코로나19 장기화로 지쳐 있는 국민 마음을 어루만져 화합하는 계기를 만들었습니다. 호남에서 영남으로 이어지는 길을 따라 5개 광역시도와 12개 시군을 지났습니다. 삼보사찰뿐만 아니라 영호남을 대표하는 여러 천년 고찰들을 만났습니다. 많은 고갯길을 넘어가는 동안 가쁜 숨 속에도 불교중흥을 향한 원력과 간절함을 담으려 애썼습니다.

이번 천릿길 순례에서도 상월결사는 모두 길 위에서 자고 먹고 행선하며 평등한 공동체의 모습을 보여줬습니다. 숙영

총도감 호산입니다

지에 도착하면 1평 규모의 텐트가 주어졌고, 삶은 달걀 2개와 바나나, 치즈, 요구르트로 아침공양을 했습니다. 순례 초반 텐트 배치를 정하면서 회주 스님의 세심함을 느낄 수 있는 일도 있었습니다. 송광사를 출발해 3일째 사성암에 텐트를 쳤는데, 텐트 절반을 주차장에 세워야 했습니다. 어른 스님이 사용하는 1번 텐트부터 차례차례 텐트를 치려고 보니, 비구니 스님과 보살님들 텐트가 주차장 자리에 쳐졌습니다. 바람도 많이 불고 오가는 차를 피해 밖에 나와 불편해하는 비구니 스님과 보살님들의 모습을 회주 스님이 보셨습니다. 총도감인 저를 살짝 부르시더니 "차별없이 걷자고 했지만 안전을 생각하면 여성 우대를 해야겠다."고 하시며 총도감인 제게 텐트 배치를 조정하는 건 어떠냐고 하셨습니다. 회주 스님 말씀을 듣고 제가 "비구니 스님과 보살님 텐트 자리를 가장 좋은 곳으로 하자."고 제안했습니다. 생각지 못했던 배려에 비구니 스님과 보살님들이 정말 고마워하더라고요. 덕분에 제가 인사를 많이 받았습니다. 힘든 순례길에 잠이라도 편안하게 자고 싶은 대중 마음을 어른 스님이 가장 먼저 알아차리고 배려해 주셔서 가능한 일이었습니다.

총도감 호산입니다

총도감 호산입니다

총도감 호산입니다

노숙 텐트 생활에서 오는 불편함은 양보와 배려로 극복하며 걸음걸음을 더해 423km 대장정을 완성했습니다.

불보종찰 통도사에 다다른 순례단은 어느새 고단함을 잊고, 맨발로 통도사 사리탑을 세 번 돌았습니다. 통도사 금강계단을 맨발로 참배하며, 회주 스님의 상처투성이 발을 제대로 봤습니다. 비가 쏟아지면서 젖은 양말과 신발을 신고 걸으면서 발톱이 멍이 들어 새까맣게 되고 상처가 나 발가락과 발바닥에 밴드가 빼곡하게 붙어있더군요. 법문보다 두 발로 보여주는 가르침이 더 크게 다가왔습니다.

상월결사 회주 자승스님은 회향법문을 통해 지금의 한국불교 위기를 극복할 수 있는 길은 포교뿐임을 또 한 번 역설하셨습니다.

"만행결사는 무엇이고 상월결사는 무엇입니까. 현재 한국불교가 안고 있는 총체적 위기를 극복하자는 것입니다. 한국불교가 안고 있는 위기는 스님들이 게으르고, 나태하고, 사치하고, 원력과 신심이 부족하다는 것입니다. 출가자가 줄고, 신도가 줄어드는데 과연 우리는 어떤 원력

총도감 호산입니다

상월결사 회주 자승스님의 발

을 갖고 수행과 정진과 노력을 했습니까. 이 위기를 극복하기 위해선 부처님처럼 살아야 합니다. 결제 중 열심히 기도하고 정진했다면 해제 철에는 하화중생, 보살행을 실천해야 위기를 벗어날 수 있습니다. 부처님 인연으로, 부처님 복으로, 부처님 그늘 속에서 호의호식하며 성직자로 살았으니 이제 그 빚을 갚아야 합니다. 포교에 모든 것을 걸어 위기에서 벗어나는 계기를 만들길 바랍니다."

회주 스님 법문이 온 대지에 울려 퍼지며 한국불교에도 희망의 불씨가 점점 살아나는 듯했습니다.

만행결사는 불교 수행에 대한 바른 인식을 심어주는 계기를 마련했다고 자부합니다. 앉아있는 것만이 아닌, 행하거나 머무르거나 앉거나 눕거나 말하거나 침묵하거나 그 모든 일상의 순간이 수행 아닌 것이 없다는 메시지를 심어주었습니다.

총도감 호산입니다

움직이는 발걸음에서 피어난 평화

• 2022, 마음방생 평화순례 •

2022년 2월 러시아가 이웃나라 우크라이나를 침공했습니다. 회주 자승스님은 전쟁 중단을 호소하며 전 불교계가 나서 평화 기도를 올릴 것을 밝혔습니다. 전쟁발발 직후 낸 입장문을 통해 전쟁은 또 다른 전쟁을 낳는 씨앗임을 지적하고 무슨 명분이라도 전쟁은 정당화 될 수 없음을 설파하셨습니다. 그러면서 희생자와 가족, 공포에 둘러싸인 사람들에게 마음을 내 도움을 주고 전쟁 난민들이 안전한 일상으로 돌아가도록 함께 기도하자고 제안하셨습니다. 고통이 있는 곳으로 더 다가가는 것이 바로 상월결사 정신임을 알리고 갈등과 분열을 종식시키기 위해 평화의 걸음을 걸을 것을 선언하셨습니다.

상월결사는 평화를 이루기 위해 구호에 그치지 않고 이번

총도감 호산입니다

에도 구체적인 실천으로 옮겼습니다. 세계평화를 발원하는 순례단의 발걸음은 2022년 3월 땅끝마을 해남 대흥사로 향했습니다. 세계평화를 염원하는 대장정의 시작이었습니다. 우크라이나 출신의 동국대 학생들도 부처님께 꽃을 공양하며 자국의 조속한 전쟁 종식을 발원해 눈길을 끌었습니다.

평화순례의 원력은 '마음방생 평화순례'로 그 의미를 확장시켰습니다. 회주 자승스님은 "내 마음을 자유롭게 하는 것이 최상의 방생이며 세상의 평화로 나아가는 바탕이자 첫걸음"이라는 가르침을 내렸습니다. 내 마음이 평화롭고 자유로워야 생명의 존엄함을 알고 세상 평화를 가져올 수 있다는 간명한 말씀이었습니다.

세상의 평화를 바깥에서 구할 것이 아니라 나로부터 비롯하자는 것이 마음 방생이므로 이것을 실천하는 행이 곧 평화방생순례입니다. 마음방생 평화순례는 내 마음의 평온을 이루는 수행입니다. 상월결사는 2019년 천막결사를 시작으로 2020년 자비순례, 2021년 삼보사찰 천리순례와 2022년 교구본사 평화순례를 이어가면서, 제 마음이 평화로워야 주변도 살필 수 있다는 것을 깨달았습니다.

방생순례를 통해 마음의 평화를 찾는다면, 자신을 위한 기도는 물론 남을 위해 축원도 해줄 수 있기 때문이죠. 제 자신에서 비롯된 평화의 기운이 세상으로 퍼트리기 위한 시작인 마음방생 평화순례는 상월결사 정신의 '총화'입니다.

내 마음의 평화, 더 나아가 세계평화를 염원하는 발걸음은 나날이 늘어났습니다. 대흥사를 시작으로 월정사, 백양사, 법주사, 은해사에서 순례가 이뤄졌습니다. 순례가 이어지던 동안 회주 스님은 6월 말 드미트로 포노마렌코 주한 우크라이나 대사에게 직접 구호 기금을 전하며 하루속히 평화가 찾아오길 기원했습니다.

2022년의 마지막 순례는 10월 1일 화엄사에서 진행됐습니다. 참가 대중은 내 마음 방생으로 평화를 꿈꾸고 자신을 바로 보는 시간을 가졌습니다. 인도 만행결사를 위한 예비순례도 이뤄졌습니다. 천은사에서 시암재까지 오르며 부처님을 향한 마음을 되새기고 결의를 다졌습니다. 부처님 나라 인도에 성큼 다가서는 순간이었습니다.

총도감 호산입니다

3
:

부처님의 발자취를
따라 걷다

· 1,167km의 대장정, 인도순례 ·

인도순례 출발 전 고불식 후
기념촬영을 한 순례대중들
(2023년 2월 9일)

총도감 호산입니다

1,167km의 대장정, 인도순례

―

인도로 향하는 길이 열렸습니다. 2023년 2월 9일 오전 6시 차가운 새벽 공기를 뚫고 비구 비구니 우바새 우바이 등 108명의 대중들이 조계사 대웅전 앞마당에 모였습니다. 전국에서 스님들을 환송하기 위해 모인 스님과 재가자들, 정계 관료까지 많은 분들이 추위와 어둠을 뚫고 찾아왔습니다.

2월 초순 새벽 서울은 추웠습니다. 손이 시리고 귀가 얼어붙는 듯했습니다. 출가해서부터 겨울 새벽의 추위는 익숙해졌다 여겼는데, 이날은 달랐습니다. 설렘과 긴장, 아니면 가슴이 벅차올라서일까요? 떨리는 몸이 추위 때문만은 아니었습니다.

상월결사 인도순례가 첫발을 내딛었습니다. 코로나19에 가

총도감 호산입니다

로막혀 예정했던 시간보다 3년을 더 기다렸습니다. 이제 드디어 떠납니다. 부처님이 실제로 걸었던 길을 매일 8시간씩 걷는 43일간의 대장정입니다.

부처님 전에 순례 의지와 한국불교 중흥 달성 원력을 고하는 고불식을 열었습니다. 우리 종단 지존이시며 정신적 지도자 성파 종정예하께서는 "역사상 유례가 없는 대작불사이니, '상구보리 하화중생(上求菩提 下化衆生)'을 실현하고 모든 중생의 평화와 안락을 위해 떠나라"며 순례의 원만 성취를 기원하셨습니다.

기해년 동안거 천막결사 90일이 머릿속을 스쳐 지나갑니다. 먹지도 씻지도 않고 죽을 각오로 용맹정진에 몰입하며 인도만행에 대한 원을 세웠습니다. 부처님께서 보여주신 진리와 전법의 길이 끊어지지 않고 이어지도록 불교중흥을 다짐한 결사의 정신, 그 마음을 다시 불러 세웠습니다. 조계사 대웅전 앞마당에 함께 한 500여 대중도 같은 마음임을 느꼈습니다.

인천공항으로 가는 버스에 몸을 싣고 환송객을 뒤로 하고 떠났습니다. 1시간쯤 달려 도착한 인천공항은 혼잡 그 자체였습니다. 공항까지 배웅 나온 스님과 재가자들, 순례객을 지

켜줄 음식과 물품, 각자 가져온 짐은 언론에서 보던 해외파병단과 다름없었습니다.

3년간의 국내 순례를 통해 많은 경험을 쌓고, 수차례 현지답사와 예행연습을 거친 실무 지원단 덕분에 그 많은 인원과 짐에도 불구하고 일사분란하게 출국 수속을 마쳤습니다. 드디어 델리행 비행기에 몸을 실었습니다.

9시간을 날아 부처님의 땅 인도에 도착했습니다. 예정 시간보다 훨씬 늦은 밤에 도착했습니다. 인도 시간이 실감났습니다. 간밤에 잠을 설치고 새벽부터 추위에 떨며 고불식을 진행하고 하루를 꼬박 걸려 도착했는데, 호텔 들어가는 길은 더 험난했습니다. 도시는 매연에 갇혔고 땅을 파헤치는 중장비 소리, 서로 먼저 가겠다며 울려대는 차량 경적, 몸은 녹초가 되었는데, 호텔 입구는 한 명 한 명 짐 검사 몸 검사 하느라 긴 줄이 생겼습니다. 순례는 시작도 하지 않았는데 고난이 시작됐습니다. 하지만 불평하면 순례가 아닙니다. 이 모든 일이 순례입니다. 다

음날 아직 덜 회복된 몸으로 일어나 다시 공항으로 갔습니다. 이번에는 국내선 항공편을 이용해 바라나시로 이동합니다. 짐은 밤새 차량으로 이동했습니다. 자동화가 덜 된 인도에서 짐을 항공편으로 이동시키면 언제 도착할지 모릅니다. 급할 것이 전혀 없는 사람들입니다. 바라나시 공항에 도착해 밖으로 나오자 요란한 환송식이 열렸습니다. 주 장관이 직접 나와 환대합니다. 바라나시가 속한 우타르프라데시 주입니다. 앞으로 우리의 순례 여정 대부분은 우타르프라데시 주와 비하르 주 두 곳에서 주로 진행됩니다. 두 곳 다 인구가 1억이 넘는, 사실상 하나의 국가와 다름없습니다.

무장한 경찰이 선두와 후미에서 순례단이 탄 버스를 호위합니다. 이들은 순례가 끝날 때까지 24시간 순례단을 보호했습니다. 대한민국 대통령님의 배려와 박진 외교부 장관의 지원 덕분입니다. 고맙게도 외교부 본부 과장님이 직접 순례단 지원팀으로 합류해 순례 중에 벌어질지 모를 영사 사건에 대처토록 지시할 정도로 박진 장관의 배려가 깊었습니다.

공항에서 사르나트까지는 멀지 않았지만 겨울인데 날은 더웠고 도시는 지저분했습니다. 경적 소리와 먼지가 괴롭혔습니

총도감 호산입니다

다. 사람과 소가 함께 길을 가고 걸인이 맨땅에 드러누운 길 한복판 작은 호텔에 여정을 풀었습니다. 그나마 전 세계에서 찾아온 순례객 덕분에 붐비는 도시입니다. 녹야원이 있는 사르나트입니다. 43일간의 도보순례를 시작하는, 부처님께서 5비구를 맞이하고 전도선언을 하신 가장 중요한 성지입니다. 짐을 풀고 곧바로 부처님께서 5비구를 처음 만났던, 탑으로 갔습니다.

보드가야에서 깨달음을 얻은 부처님은 이 오묘한 진리를 누구에게 전할까 고심하다 거의 마지막까지 수행 정진했던 다섯 비구를 떠올립니다. 그전에 두 명의 스승을 찾으려 했지만 이 세상 사람이 아님을 알고 다섯 비구를 찾아 나섭니다. 보드가야에서 사르나트까지는 200km가 넘습니다. 죽음 직전 까지 고행하다 수자타의 공양으로 간신히 몸을 차린 붓다이십니다. 34세의 청년이라고 하지만 제대로 몸조차 가눌 수 없을 정도로 기력이 쇠약했을 것입니다. 당신이 6년 고행하셨던 보드가야 시타림에는 수많은 수행자들이 모여 있는 그야말로 고행자 천국입니다. 그런데 왜 '타락했다'며 욕하고 떠난 5비구를 찾아 그 먼 길을 오셨던 것일까요?

더군다나 그들이 어느 곳에 있는지, 있다고 해도 살아 있을지조차 모르는데 부처님께서는 왜 5비구를 찾았을까요?

부처님께서 꼰단냐가 깨달았을 때 보이신 반응에 그 답이 있습니다. 부처님께서는 먼 길을 걸어 이곳 사르나트로 오셨습니다. 그때 다섯 비구들은 녹야원에서 1km 가량 떨어진 곳 나무 아래 수행중이었습니다. 그때 함께 수행했던 붓다가 오는 모습을 보았습니다. 그들은 아는 체도 하지 말고 수행자로 대접도 하지 말자고 약속합니다. 하지만 그들 곁으로 오시는 부처님의 상호와 자태에 압도돼 자신들도 모르게 발 씻을 물을 내놓고 자리를 마련합니다. 자리를 내어주는 것은 수행자를 환대한다는 예경의 표시입니다. 지금도 인도는 순례객들을 위해 깨끗이 청소하고 자리를 내어줍니다. 우리 순례단이 인도에서 받은 환대가 그러했습니다.

부처님을 처음 맞이한 곳에 탑을 세웠습니다. 영불탑(迎佛塔), 차우칸디스투파입니다. 순례단은 영불탑을 참배하고 녹야원으로 갔습니다. 부처님께서 5비구에게 처음으로 법을 설하신 녹야원에는 웅장한 탑이 서 있습니다. 다메크스투파입니다. 꼰단냐가 가장 먼저 부처님이 설하시는 진리를 깨달았

총도감 호산입니다

습니다. 부처님께서는 너무나 기뻐서 "깨달았구나 콘단냐야." 하고 외쳤습니다.

부처님께서는 중생을 구제할 진리를 깨우쳤지만 사람들이 이해하고 받아들일지 알 수 없었습니다. 아무런 준비가 되지 않는 사람 혹은 무조건 논쟁하려 덤벼드는 사람 혹은 대놓고 반대하는 사람을 만난다면 어쩌면 세상에 나오기 전 소멸할 수도 있을 것입니다. 혹은 왜곡돼 전해질 수도 있습니다. 실제로 부처님께서는 사르나트로 가는 길에 한 수행자를 만났지만 그는 부처님을 인정하지 않았습니다. 최초의 제자가 될 수 있었는데 기회를 놓친 것입니다. '인연 없는 중생은 부처님도 어쩔 수 없다'는 진리만 확인시켜 준 우파카라는 이름을 지닌 사문 이야기입니다.

90%까지 함께 했던 사람이라면 조금만 이야기해도 금방 알아들을 수 있을 것입니다. 사실 다섯 비구와는 수행의 방법에 대한 이견만 존재했습니다. 그래서 부처님은 원리가 아닌 방법론에 대해 설합니다. 바로 중도(中道)입니다. 고행과 쾌락이라는 극단을 벗어난 중도를 설하자 콘단냐가 바로 깨달았습니다.

진리가 세상에 받아들여진 역사적 순간입니다. 그리고 앗사지까지 마지막 다섯 명의 비구가 깨달음으로써 부처님은 당신이 깨달은 진리를 확신합니다. 그리고 생각하지 못했던 수확도 거둡니다. 그것은 정말 예상하지 않은 놀라운 성과였습니다. 바로 야사와 그의 50명 친구들의 귀의입니다. 이제 진리를 확신한 부처님께서는 전도선언을 하십니다. 3000여년 전 녹야원에서 일어난 법석입니다.

우리 순례단은 본격 출발에 앞서 녹야원의 일을 떠올리며 21세기 한국형 전도선언을 일으켰습니다. 결사를 제기하고 순례를 이끈 지도자 상월결사 회주 자승스님께서 인도 순례 의미와 순례단이 새겨야 할 각오 등을 일깨우셨습니다.

다메크스투파를 배경으로 펼친 야단법석에서 회주 스님은 이렇게 말씀했습니다.

"『신심명』에 지도무난(至道無難) 유혐간택(唯嫌揀擇)이라고 했습니다. 도를 이루는 것은 어렵지 않고 지극히 쉽다는 말씀입니다. 그런데 우리는 도를 깨쳤다는 사람을 근래에 들어보지 못했습니다. 좋다 슬프다 나쁘다 이런 분별심만 내지 않으면 다 깨친다고 했습니다. 우리 스님들이 수없이 한 얘기입니

총도감 호산입니다

다. 신도님들이 스님 법문을 통해서 늘 들어왔던 이야기이기도 합니다. 도를 통하기 위해서 수많은 납자들이 결제 때마다 2000명씩 앉아서 정진하지만, 도를 깨쳤다고 하는 사람이 하나도 없었습니다. 단막증애(但莫憎愛) 통연명백(洞然明白), 늘 시시비비를 가리고 좋고 나쁘고 옳고 그른 것을 따지다 보니 도를 이룬 사람이 없습니다. 부처님이 깨달은 것은 지혜, 제자들이 깨달은 것은 이치입니다. 부처님의 수많은 제자들이 아라한이 되고 깨달음을 얻었습니다. 부처님과 똑같은 지혜를 깨달은 게 아니고 이치를 깨달은 것입니다. 세상 이치를 아는 것이 깨달음입니다. 그것은 '아라한과'입니다. 그 이상의 깨달음을 얻는다면, 그것은 '대지혜'입니다. 부처님의 세계입니다. 부처님의 세계를 가려면 다겁생래로 수없이 나고 죽고 수없이 깨달음을 얻어야 대지혜를 얻을 수 있습니다. 그전까지는 우리가 열심히 정진하면 이치는 알 수 있습니다. 그런데도 현재 그 이치를 모르는 사람들이 많은 것은 누구의 잘못인가. 그것은 우리들의 잘못입니다."

그러면서 순례를 떠나는 이유에 대해 분명하게 밝히셨습니다.

"우리가 지금 여기에 와 있지만 이곳이 기독교의 성지였다면 이 자리가 유적지로만 남아 있었을까요? 우리가 순례하는 불교 성지들은 유적으로만 남아 있습니다. 그러면 1700년 역사를 갖고 있는 한국불교는 어떨까요. 20년 후에는 이곳 성지와 같이 유적지가 될 수 있습니다. 출가자가 줄고, 신도도 줄고 있잖아요. 이곳이 왜 유적지가 되었겠어요. 인도에 스님들이 없고 신도가 없어졌으니까. 한국불교도 마찬가지입니다. 그저 문화재로서만 존재할 수 있습니다. 한국불교가 문화재로서 보존 가치만 있는 존재로 전락하기까지 시간은 먼 훗날이 결코 아닙니다. 20년 후에 당장 다가올 우리들의 모습일 수 있습니다. 이를 분명히 알고 극복하자는 취지로 순례를 한다는 것을 잊어서는 안 됩니다. 저는 늘 공석이나 사석에서나 포교만이 우리 종단이 살 길이라고 말해왔습니다. 포교가 개인이 일대일로 만나는 방법도 있지만, 이렇게 많은 대중이 43일 동안 걷는 모습을 불자들이 보고 신심을 내서 내 이웃에게 부처님과 인연 맺도록 역할을 하는, 한국불교 중흥에 조금이나마 보탬이 되는 씨앗을 심자는 데 의의가 있습니다."

회주 스님은 순례의 원만 회향을 위한 대중들의 마음가짐

총도감 호산입니다

에 대해서 일깨우며 첫날부터 순례단이 흐트러지지 않도록
마음을 다잡았습니다.

"지난 3년 동안 순례하면서 우리는 똑같이 걸었고 똑같이
먹었고 똑같이 잤습니다. 순례의 기본은 차별이 없다는 겁니
다. 그리고 배려입니다. 우리에게 배려심이 없으면 이 순례를
원만하게 회향하기 힘듭니다. 차별 없는 마음과 배려심으로
43일 동안 원만히 순례를 마칠 수 있도록 기원하겠습니다."

참 일관되게 한국불교를 걱정하고 그 해결책을 고민하는
어른입니다. 제가 이 몸 다하도록 모시겠다고 다짐한 이유입
니다. 공심을 갖고 한국불교와 종단을 걱정하는 분들은 많지
만 치밀하게 계획해서 해결을 찾는 분은 없습니다. 1700년 역
사에서 최고의 전성기를 구가한다는 지금, 높이 올라섰기에
더 깊이 떨어질 수 있는 위기에서 회주 스님의 존재는 기적과
도 같습니다. 한 수행자의 원력과 신심은 경전의 가르침대로
정말 수미산보다 높고 위대한 것 같습니다. 3000여년 불교 역
사에서 100명 넘는 대중이 부처님의 길을 도보 순례한 역사
는 없었습니다. 앞으로도 없을 것입니다. 한국뿐만 아니라 전
세계 통틀어서 없습니다. 오직 한 사람 회주 스님이 전무후무

한 역사를 쓰려고 합니다.

"수행자들이여, 세상을 불쌍히 여기는 마음을 가져라. 인간의 이익과 번영과 행복을 위해서 길을 떠나라. 둘이 가지 말고 홀로 가라. 처음도 아름답고 중간도 아름답고 마지막도 아름다우며, 말과 내용을 갖춘 법을 설하라. 완전히 이루어지고 두루 청정한 삶을 널리 알려라."

새로운 전도선언이 세상에 울려 퍼졌습니다. 2월 11일 오전 7시(현지시각) 인도 사르나트 녹야원에서 인도순례 입재식을 봉행하고 상월결사 회주 자승스님이 새로운 전도선언을 낭독했습니다.

한국과 인도 등지에서 직접 찾아온 500여 사부대중은 인도순례의 원만 회향을 기원했습니다. 조계종 전 총무원장 원행스님, 원로의원 보선스님, 제4교구본사 월정사 주지 정념스님, 중앙승가대 총장 월우스님, 제22교구본사 대흥사 주지 법상스님, 군종특별교구장 능원스님, 서울 봉은사 주지 원명스님, 정토회 지도법사 법륜스님, 보드가야 분황사 주지 붓다팔라 스님 등 종단의 중요한 인사들이 대거 방문하며 순례단의 장도를 기원하고 무사 회향을 축원했습니다. 산카 미쉬라 우타르 프라데시(UP)주 보건장관, 장재복 주인도 한국대사 등도 참석해 안녕을 빌었습니다.

108m 길이의 가사를 순례단 전원이 이운해 다메크 스투파를 둘러싸는 식으로 공양 올렸습니다. 높이 40cm의 목조 부처님을 점안했습니다. 목조 부처님은 순례단이 직접 모시고 함께 걷습니다. 가장 먼저 회주 스님이 모시고 길을 나섰습니다. 그 뒤를 총도감인 제가 모셨습니다. 가슴이 벅차올랐습니다. 부처님을 모시고 부처님께서 가신 길을 걷는다는 사실은 현실로 믿기지 않았습니다. 어떻게 걸었는지 모를 정도로 몰두했습니다. 제1조 조장 오심스님에게 인계한 뒤에야 다시 현실로 돌아왔습니다.

흙먼지 자욱하고 사람과 소가 공존하는 비포장 사르나트 도로가 인도 순례가 시작되었음을 일깨웠습니다. 차 경적 소리가 끊이지 않고 수많은 사람들이 몰려 다닙니다. 햇볕이 작렬하는 거리를 걷고 또 걸었습니다. 도저히 사람이 살 수 없을 움막에 10여 명의 사람이 까만 얼굴에 하얀 눈동자를 보여주던 광경도 스쳐갑니다. 얼마나 걸었을까? 갠지스강이 나왔습니다. 6km를 걸었다고 합니다.

부처님처럼 우리도 강을 건넜습니다. 조별로 나눠 배를 탔습니다. 람나가르의 항구에 도착했습니다. 우리나라로 치면 수자원 공사 사무실인 듯합니다. 순례 3일 차이며 도보 첫날입니다. 이날부터 야외 숙영지에서 텐트를 치고 야영합니다. 그리고 다음날부터는 오전 2시 기상해서 간단한 예불을 마치고 오전 3시에 행선 출발합니다. 씻지도 못하고, 빨래도 불가합니다. 숙영으로 하루 일정이 끝나는 것은 아닙니다. 108배를 하며 뭇 생명의 안녕을 기원하고 순례단의 건강을 발원하며 잘못을 참회합니다.

아 그런데 잠을 설쳤습니다. 강 건너에서는 시끄러운 타악기에 음악이 밤새 울려퍼지고 다리 위에서는 트럭 버스 경적 소리가 끊이지 않습니다. 모기 벌레가 기승을 부립니다. 먼지와 뙤약볕 아래 하루 25km를 걷고 제대로 씻지도 못하는데 잠도 못 이루는 고행은 절대 성공할 수 없을 것 같습니다. 무사 회향은 고사하고 살아서 한국으로 돌아간다면 다행이라고 생각합니다.

총도감 호산입니다

총도감 호산입니다

총도감 호산입니다

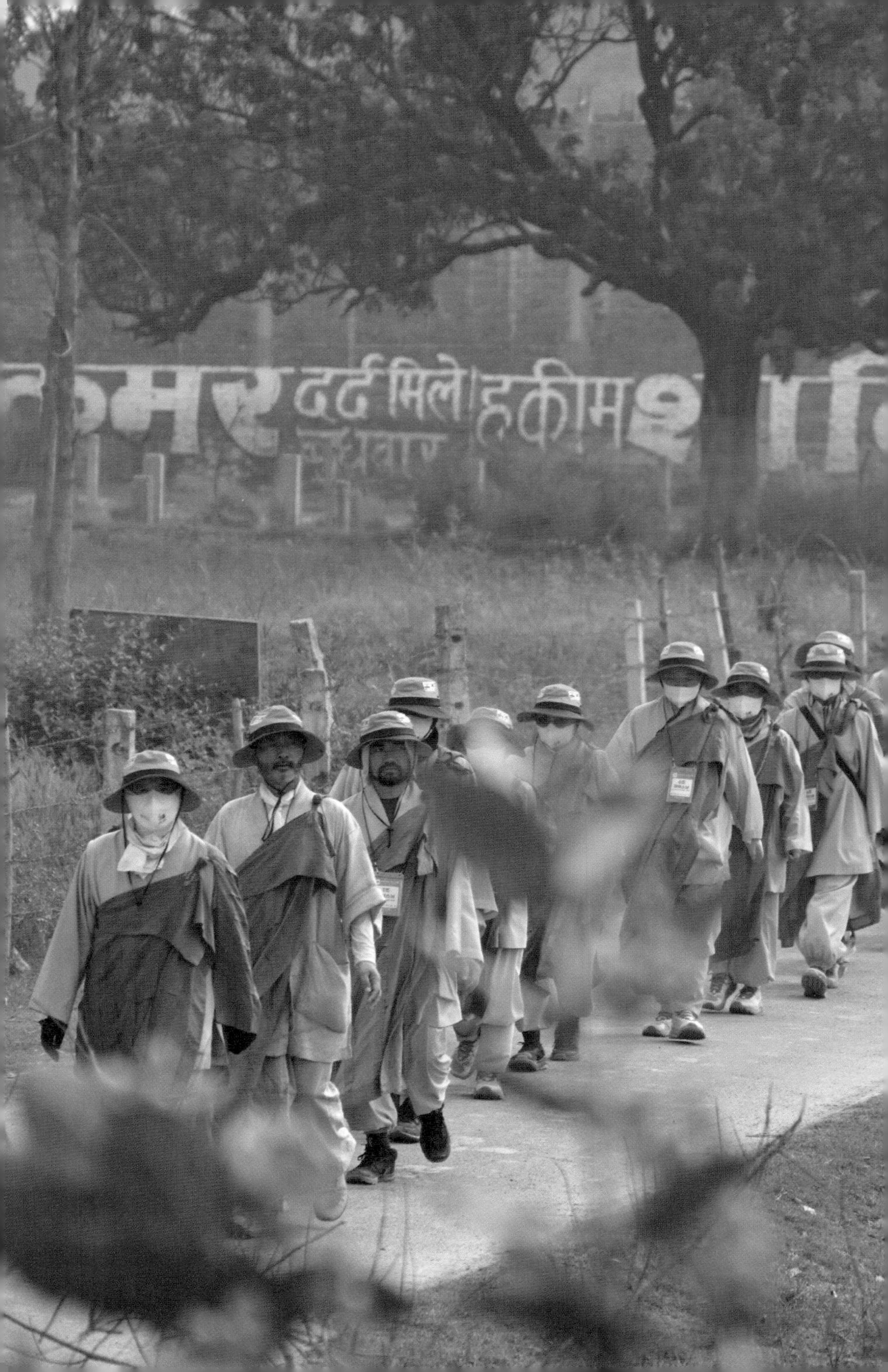
दर्द मिले
हकीम

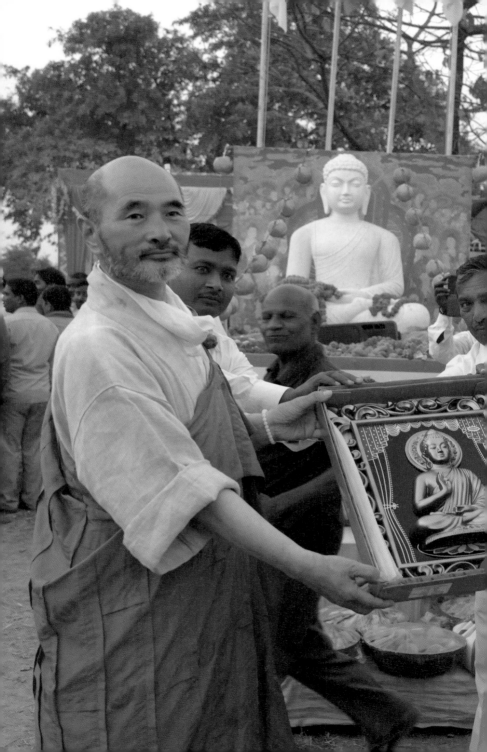

총도감 호산입니다

그런데 이런 악조건은 약과입니다. 낯선 음식에서 오는 장염, 오랫동안 걸음으로 인한 발목 무릎 부상, 그중에서도 장염은 치명적입니다. 피할 수 있다면 피하고 싶습니다.

순례단은 무조건 걷지 않습니다. 모든 행동 생각이 수행이며 염불 즉 부처님을 생각하는 기도입니다. 부처님과 함께한다는 의미로 걸을 때도 잠시 쉬어갈 때도 심지어 텐트 속에서 잠을 자는 순간까지 부처님을 닮아가기 위해 노력했습니다. 밥을 먹기 전에도 "거룩한 삼보에 귀의하오며 이 음식을 받습니다. 이 공양이 있기까지 수많은 인연에 감사하며, 모든 생명에 부처님의 가피가 가득하소서. 사바하"라는 공양기도문을 독송하고 공양을 했습니다. 걷는 동안은 묵언입니다.

순례 4일 차 칠흑같이 캄캄한 오전 2시에 일어나 2시 50분부터 시작한 순례는 총 24km를 걸어 오전 8시 40분에 끝났습니다. 점심공양 이후 사부대중은 개별 정진에 들어갔습니다. 순례단이 다시 한자리에 모인 시간은 오후 6시. 이때부터 저녁예불과 108배에 돌입했습니다. 종단 소의경전인 〈금강경〉 합송이 이어졌습니다. 상월결사 인도순례단은 부처님과 함께하기에 신심 나는 구법의 여정을 만들어 가고자 했습니다.

총도감 호산입니다

현지 주민들은 멀리서 온 한국의 스님과 불자들을 열렬히 환영했습니다. 순례 5일차인 2월 13일에는 꽃목걸이를 선물하고 꽃을 뿌리며 순례단을 맞이했습니다. 아침공양 장소인 새 두푸르 마을 학교 앞에서 순례단을 기다리다 한국 스님과 불자들이 보이자 "부처님 땅 인도에 온 것을 환영한다"며 깜짝 환영식을 진행했습니다.

공양 이후에도 반가운 손님의 발길이 이어졌습니다. 마을에 주석하는 현지 스님이 방문했습니다. 마헨드라 보디 스님은 이날 신도 5명과 함께 불교기를 높이 들고 선두에 서서 걸었습니다. "인도에서 출발한 불교가 한국에서 꽃을 피워 2600년 만에 다시 인도로 돌아온 모습에 환희심을 느낀다"며 기뻐했습니다. 순례 대중들도 인도에서 같은 불자를 만난 것에 대한 반가움과 긴 거리를 도보로 걸어준 스님과 불자들에게 무한한 감사와 고마움을 전했습니다. 회주 스님도 '반야심경 동판'을 증정했습니다.

더위와 큰 일교차, 열악한 환경 탓에 초반부터 환자가 속출했습니다. 풍토병 예방을 위해 각종 백신을 맞고 약을 준비했지만 병고가 순례단을 엄습했습니다. 순례단은 부처님 말씀을 되뇌였습니다. 몸에 병이 없으면 탐욕이 생기기 쉬우니 병고로써 양약을 삼으라는 가르침입니다. 회주 스님께서도 이러한 취지의 법문으로 순례단을 격려했습니다. "벌에 쏘이든, 족저근막염으로 걸을 수 없더라도 그냥 받아들이세요. 이 역시 순례입니다. 중요한 것은 배려입니다. 도반이 아프면 챙겨주고 보살펴 주어야 합니다. 모두 함께 도착지까지 갑시다."

이날도 순례단을 향해 합장하는 사람들을 계속 만났습니다. 순례단과 인연 맺은 강아지는 회주 스님 덕분에 순례라는 이름도 얻었습니다. 흙먼지 날리는 더러운 화장실, 찔끔 나오는 물, 툭하면 끊어지는 전기 사정으로 환경은 열악하지만 모두 행복한 표정입니다. 그동안 얼마나 많은 것을 지니고 편하게 살아왔는지를 몸으로 깨달았습니다.

7일 차인 2월 15일, 일정 중 가장 긴 29km를 걸었습니다. 순례단 대부분이 크고 작은 병과 통증에 시달렸지만 지나치는 마을마다 응원의 박수와 환호 덕분에 힘을 내었습니다. 학교에서는 아이들이 쏟아져 나와 반갑게 맞아주었습니다. 이날 아침공양으로 국수가 나왔습니다. 스님들을 절로 미소 짓게 해 불교에서는 '승소'라는 애칭으로 불리기도 합니다. 추위

총도감 호산입니다

와 감기로 고생하던 대중들도 국수 한 그릇을 약으로 삼아 달게 먹고 힘을 회복했습니다.

부처님 숨결을 따라가는 8일 차 순례길, 그간 순례단은 사르나트 녹야원을 떠나 갠지스강을 건너 람나가르, 카코리야, 쉬브람푸르, 바부아, 체나리를 거쳐 사사람에 도착했습니다. 6일 만에 현지 숙소에서 머물렀습니다. 흙먼지를 뒤집어쓰고 천막으로 겨우 가린 구덩이에다 용변을 보고 땀에 절어 양치 정도만 겨우 하다 시설을 제대로 갖춘 곳에서 순례의 여독을 풀었습니다. 순례단 대부분 육체적으로 크고 작은 아픔이 있었지만 그 누구도 내색하지 않았습니다. 부처님께서 생전 걸은 길이기에 고통도 영광으로 받아들이고 있었습니다. 두 다리로 굳건히 버텨내는 고된 순례길이지만 거기에는 바로 부처님의 숨결이 남아 있었고 위기의 한국불교를 구제할 해답이 있었습니다. 상월결사 인도순례단은 불교가 태동했으나 지금은 사라진 인도에 새로운 희망을 싹틔우고 있었습니다.

순례 9일 차에는 아시아에서 가장 오래된 도로로 꼽히는 파키스탄 인도 방글라데시를 잇는 '그랜드 트렁크 로드' 고속도로를 걸었습니다. 대형트럭이 쉴 새 없이 지나다니는 위험

천만한 길을 긴장 속에서 무사히 건너갔습니다. 이날은 감회가 더 특별했습니다. 부처님께서 60여 명의 제자들과 녹야원을 떠나 성도지 부다가야로 가며 건넜던 손강(Sone river)대교를 지났습니다. 부다가야에서 사르나트로 가실 때는 진리가 세상에 받아들여질지 불확실한 먹구름 잔뜩 낀 길이었다면, 돌아오는 길은 고통에 허덕이는 중생을 구제하는 처방을 지닌 희망의 길이었습니다. 혼자의 길이 60명의 제자를 대동한 장엄한 행렬이었습니다. 순례단도 가슴 벅찬 그 길을 안행(雁行)으로 재현했습니다.

그런데 야영 6일 차에 접어들면서 서서히 환자가 나오기 시작했습니다. 이미 물과 음식으로 인한 장염 증세가 순례단을 휩쓸고 있었습니다. 인도를 여행하면 전 세계 어디든 홀로 다닐 수 있다는 격언이 있을 정도로 인도 현지는 모든 면에서 열악합니다. 식수, 화장실, 음식은 물론 소음, 냄새, 치안까지 깔끔하게 정비된 아파트 생활에 익숙한 한국인들은 견디기 힘든 조건입니다. 더군다나 순례단은 평균 나이가 60세가 넘을 정도로 고령층입니다. 해가 사라지는 밤 새벽은 10도 밑으로 떨어져 추위에 떠는데 아침 8시 이후 해가 뜨면 30도를 넘

총도감 호산입니다

습니다. 피로 누적으로 체력까지 저하됐으니 감기 몸살 장염이 찾아오기 딱 좋은 환경입니다. 걸으면서 생긴 물집과 발목 허리 통증은 애교에 들 정도입니다.

이런 병고는 남의 일인 줄 알았습니다. 인도 순례를 준비하면서 단 한 번도 나에게 병마가 닥치리라 생각조차 하지 않았습니다. 총도감이라는 막중한 소임을 맡고 있던 내가 탈이 나고 말았습니다. 인도 순례 9일 차, 2월 17일이었습니다. 전날부터 몸이 이상하다 여겼는데 9일 차 기침 몸살에 고열과 식욕저하, 배탈, 설사 등 순례객에게 덮친 모든 병이 한꺼번에 들이닥쳤습니다. 사실은 순례 시작부터 조짐은 있었습니다. 시간이 지나면 나아질 줄 알았습니다. 차도가 없더니 9일 차에 극심한 감기 몸살까지 앓게 됐습니다. 공양은 도저히 할 수 없는 상황이었습니다. 곡기조차 입에 넣을 수 없어 탈진 직전까지 이르렀습니다. 순례단을 살펴야 하는 총도감으로서 육체적 고통보다 정신적 충격이 더 컸습니다. 소임자로서 소임을 다하지 못하는 부끄러움이 더 마음 아팠습니다. 수액을 맞으며 어떻게든 버티려 했습니다. 늘 그렇듯 정신이 육체를 이긴다고 여겼고 믿었습니다. 하지만 낫질 않았습니다. 그 순간

총도감 호산입니다

아직 가야 할 길이 한참 남았는데 마음이 무너지는 듯했습니다. 주사로 두 팔 곳곳은 시퍼렇게 멍이 들고 혈관이 숨어버려 바늘을 찌를 때마다 애를 먹었습니다.

'상월결사 인도순례 총도감'은 회주 스님을 대신해 순례를 모두 책임지는 막중한 소임입니다. 천막결사에서 피어난 인도순례 원력이 코로나로 3년간 연기된 후 좌절하지 않고 전국을 순례하며 오늘을 준비해 왔습니다. 2019년 겨울 저를 비롯해서 9명의 스님이 '한국불교 중흥결사', '대한민국 화합결사', '온 세상 평화결사' 3대 결사 원력을 세우고 천막법당에서 3개월 용맹정진했던 상월결사가 3년 만에 인도순례로 이어졌습니다. 코로나로 인도 가는 길은 연기됐지만 천막법당 안거 후 2020년 가을 한국불교 중흥과 국난극복을 발원하는 511km 자비순례, 2021년 승보종찰 송광사, 법보종찰 해인사, 불보종찰 통도사를 잇는 423km의 삼보사찰 순례를 진행하며 인도순례를 준비했습니다.

그리고 마침내 2월 9일 조계사에서 종정예하의 증명 아래 총무원장 스님을 비롯한 원로대덕 스님들의 격려를 받으며 장도에 오른, 한국불교 1700년사에 희유의 일입니다. 부처님처럼 길에서 자고 길 위에서 먹으며 매일 108배 기도를 올리고 경전을 독송하며 부처님을 생각하는, 순례는 수행입니다. 걷는 길은 법당입니다.

3000년 불교사에 없었던 희유한 일을 하는 이유는 '생명존중, 붓다의 길을 걷다' 속에 온전히 담겨 있습니다. 계급 인종 직업으로 사람을 나누고, 배척하고 죽고 죽이는 살육을 멈추지 않는 지구촌의 위기, 더 이상 찾지 않고 기대하지 않는 한국불교의 위기, 남북으로 나뉘어 언제 전쟁으로 소멸할지 모르는 한국사회의 위기를 부처님 가르침 속에서 찾고자 길을 나섰습니다. 그래서 '수행하고 발원하는 순례', '세상 모든 생명의 존엄을 위한 발걸음'을 발원하며 108명의 순례단과 지원단 등 200여 명이 고행을 자처했습니다. 한국의 전 불자들이 지켜보고 응원하며 대통령님을 비롯하여 외교부 장관 문체부 장관 등 각료, 여야 국회의원들이 한마음으로 응원하는 대한민국의 순례입니다. 순례단을 맞이하는 인도 정부와 국민들의 기대 또한 엄청납니다. 그 염원과 기도를 책임지고 반드시 성공시켜야 하는 총 책임자가 바로 총도감입니다.

그 막중한 소임자가 쓰러지기 일보 직전의 병마에 시달렸

총도감 호산입니다

습니다. 차라리 죽었으면 죽었지 이대로 주저앉을 수는 없습니다. 만약 제가 이 자리에서 무너진다면 육신의 삶은 의미가 없습니다.

총도감 책임을 누가 대신할 수도 없습니다. 곡식으로 치면, 씨앗을 뿌리고 물과 거름을 주어 열매를 맺기 직전까지 키운 책임자였습니다. 인도 순례 계기가 됐던 2018~19년 겨울 동안 거 천막결사 지객으로 좁은 천막선원의 사소한 일까지 책임졌으며 순례의 전 과정을 기획하고 챙겼습니다. 전년 가을에 출범한 새 집행부 총무부장이라는 막중한 소임을 맡았는데도 잠시 내려놓고 총도감으로 참가한 것도 인도순례가 곧 저의 모든 것이라고 해도 과언이 아니기 때문입니다. 다행히 총무원장 스님께서 상월결사 인도순례를 종단이 가장 심혈을 기울일 종책 사업으로 채택해주셔서 총무부장으로 총도감을 맡을 수 있게 됐습니다. 회주 스님과 총무원장 스님 그리고 수많은 순례 대중이 모두 저를 믿고 막중한 소임을 맡겨주셨는데, 이제 막 순례 초입에 들어선 9일 차에 무너질 위기에 처했으니, 그 참담함을 이루 말할 수가 없었습니다.

제가 아프다는 소문이 순례단에 퍼졌는데 처음에는 다들

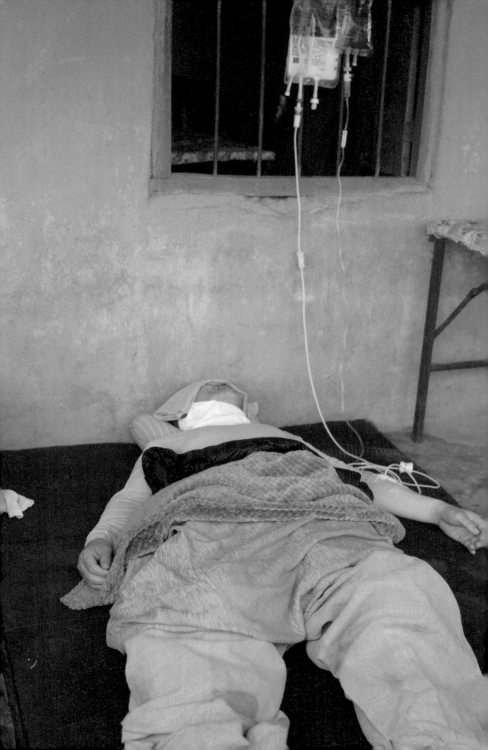

믿지 않는 눈치였습니다. 그만큼 저에 대한 믿음이 컸다는 뜻이겠지만 저는 쓰러져서는 안 될 사람이 무책임했다는 질책으로 느껴졌습니다. 사실입니다. 어떻게든 관리를 해야 했는데, 순례 준비에다 새 집행부 소임까지 1년간 하루도 못 쉬고 강행군한 터에 열악한 환경이 카운트펀치를 날린 듯합니다. 어쨌든 관리 못한 제 불찰입니다.

일생에서 가장 큰 고비가 찾아왔습니다. 몸은 치료를 받고 쉬면 회복하겠지만 책임을 다하지 못했다는 스스로에 대한 자책은 회복이 어려울 것입니다. '소임자로서 소임을 다 못했다'는 책임이 육신을 더 병들게 했습니다. 회주 스님과 제가 속한 1조 어른 스님들도 최악의 조건에서도 혼신의 힘을 다하며 버티고 있는데 가장 젊은 제가 하루 화장실을 20번도 넘게 드나들다니 그 자괴감이 이루 말할 수가 없었습니다.

그런데 어른 스님들께서 저를 일으켜 세우셨습니다. 다시 걸을 수 있는 힘이 5%밖에 없었는데 세 분의 원로 스님들이 이끌어 주셨습니다. 저를 보면 안타까워하시며 '네가 정말 고생했으니 쉬어야 한다'며 위로해 주셨습니다. 대중 스님들도 큰 힘이 되었습니다. 지객 스님, 조장 스님들 그리고 전 순례단원들이 따뜻하게 위로하며 격려했습니다. 눈물이 났습니다. 그대로 제가 수행자로 헛되지 않았구나 위로를 받았습니다. 다시 일어날 힘을 주었습니다. 회주 스님은 아직 많은 일정이 남았고 어차피 모두 한 번은 겪어야 할 과정이니 충분히 휴식을 취해서 힘을 내라며 배려를 해주셨습니다. 눈물이 앞을 가렸습니다. 저도 모르게 눈물이 쏟아졌습니다.

　다음 날 순례 후 가장 나쁜 길을 걸었습니다. 무너져 내리는 몸을 간신히 버티고 완주했지만, 더 이상은 무리였습니다. 버스에 타고 내리기를 반복하며 억지로 버티고 잠은 야영을 하느라 몸은 더 나빠졌습니다. 결국 회주 스님의 배려로 보드가야로 먼저 가게 됐습니다. 3일 가량 휴식을 취하며 체력을 회복했습니다. 보드가야에서부터 다시 대열에 합류하고 싶었습니다. 도저히 참석할 수 없는 몸이었지만 주저앉으면 다시 못 일어날 것 같아 대중들과 함께 108배를 시도했습니다. 10여 번 시도했지만 결국 주저앉아 하염없이 눈물만 흘렸습니다. 총무원장 스님을 비롯한 교구본사 주지 스님 등 한국에서 대거 참석한 가운데 한국불교 중흥을 다짐하는 장엄한 법회에서 저는 일어서지 못하고 앉아 울음만 쏟아야 했습니다.

총도감 호산입니다

그러나 이대로 주저앉을 수는 없었습니다. 17일 차 라즈기르 영축산을 오르는 날입니다. 〈법화경〉을 설한, 불교 교단에서 가장 성스러운 성지 중 한곳입니다. 아직 몸을 회복하지 못한 것을 본 회주 스님께서 만류했습니다. 하지만 기어서라도 가겠다며 겨우 허락을 받았습니다. 영축산에 오르는 입구에서 순례단을 기다렸습니다. 정말 기어가다시피 하며 올랐습니다. 계단 하나하나 옮기는 발걸음이 천근만근의 무게로 짓눌렀습니다. 마음속으로 끊임없이 기도를 올리며 이를 악물고 여래향실에 합장하고 섰습니다. 그 순간 희망이 나타났습니다. "아 다시 살아날 수 있겠구나" 희망을 가졌습니다.

몸이 성치 않았지만 18일 차부터 순례단에 합류했습니다. 회주 스님 바로 뒤 총도감 자리에 섰습니다. 그러나 새벽마다 행선을 알리는 힘찬 구호를 선창하던 역할은 아직 가져오지 못했습니다. 하루를 여는 선창은 우렁차고 힘을 불러일으켜야 하는데 제 한 몸 가누지 못하는 목소리를 들려줄 수는 없었습니다.

마침내 총도감으로서 몸과 마음을 완전히 회복할 때가 다가왔습니다. 3월 1일 우리나라 3·1절이며, 인도순례 21일 차

1조
호산스님
LEE MAN HO

총도감 호산입니다

반결제일입니다. 이제부터 순례는 후반으로 접어들며, 열반의 길이 시작되는 순간입니다.

순례단은 이날 최초의 비구니를 받아들인 대림정사 터에서 천도재를 봉행하기로 했습니다. 우리 순례의 목적 중 하나가 생명 존중과 세상의 평화입니다. 이를 기원하는 천도재를 봉행하는 것은 순례의 의미에 걸맞고, 나라를 위해 순직한 호국영령을 기리는 3·1절에도 어울렸습니다. 마침 순례단 7조 조장 모친 1주기여서 전 대중 스님들의 염원을 모아 재를 봉행하기로 했습니다. 저는 법주를 청했습니다. "반철이니까 그동안 까먹은 것, 대중을 위해 제가 역할을 해야겠다."고 간청했습니다. 회주 스님께서 승낙하셨습니다. 목욕재계하고 옷도 갈아입고 마음을 다졌습니다.

정말 성심으로 독경하며 재를 올렸습니다. 〈금강경〉을 온 힘을 다해 독송했습니다. 아난다가 열반하신 부처님을 그리워하는 듯 북쪽을 향해 바라보는 아쇼카 석주 위 사자처럼, 경을 독송했습니다. 재를 마친 직후 마치 구름은 흩어지고 청명한 달이 뜬 것처럼 머릿속이 가볍고 밝아졌습니다. 숙소로 돌아왔을 때 회주 스님과 지객 스님이 말했습니다. "살아났네,

총도감 호산입니다

총도감 호산입니다

목소리가". 정작 저는 그토록 크게 독경했는지 기억이 없는데 다들 제 소리가 그 넓은 대림정사 터를 울렸다고 합니다.

다시 살아서 순례를 이어가야 한다는 간절한 염원이 저도 모르게 터져 나온 듯합니다. 부처님 가피와 극락왕생을 발원한 기도의 공덕, 순례 대중들의 신심과 원력을 온몸으로 체득한 시간이었습니다.

그때부터 다시 걸었습니다. 바이샬리부터 쿠시나가라까지는 부처님 열반의 길입니다. 3개월 뒤 열반에 들 것이라는 말씀을 남긴 부처님께서는 쇠약해진 몸을 이끌고 북으로 가십니다. 가장 사랑했던 바이샬리를 '코끼리가 온몸을 돌려 뒤를 돌아보듯' 천천히 돌아보시고 마지막 길을 가셨습니다. 우리 순례단도 그 길을 따라갑니다. 43일 순례 일정 중 가장 어려운 길입니다. 7일 동안 야영 생활을 합니다. 날씨도 건기가 끝나고 여름 우기가 시작됩니다. 낮 기온이 급격히 올라가 이제부터 본격적으로 더위와 싸움입니다. 체력이 몇 배로 더 소모됩니다. 몸은 아직 덜 올라왔지만 마음이 먼저 일어났습니다. 그런데 알 수 없는 힘이 저를 도왔습니다.

28일 차 부처님 열반지 쿠시나가라를 앞두고 부처님께서

총도감 호산입니다

목욕하신 쿠쿠다 강에서 아침 공양을 하는데 꽃비가 내렸습니다. 인도에서는 건기에 내리는 비를 상서롭다 하여 경사로 여깁니다. 저도 환희심에 그때부터 합장을 하고 걸었습니다. 그 순간 알 수 없는 힘이 나를 밀어올리는 것 같았습니다. 바이샬리에서 재를 올릴 때 느꼈지만 잘 알지 못했는데, 이때부터 분명해졌습니다. 가피였습니다. 원력을 세우고 간절히 원하면 영가까지 돕는다는 것을 몸소 체험한 것입니다.

열반당 쿠시나가라까지 가는 길은 멀고 험했습니다. 어떻게 부처님께서 이 길을 늙고 병든 몸으로 가셨을까? 믿을 수 없을 정도였습니다. 그런데도 부처님께서는 열반에 이르도록 한 치의 흐트러짐 없었고 말씀하신 그대로 보이셨으니, 아마 인도에서 불교가 일어난 이유도 열반에서 보인 한결같음에 감동했을 것입니다.

비하르주를 넘어 다시 우타르프라데시(UP) 주에 들어서자 조용하던 환영객들이 시끌벅적 요란해졌습니다. 주 경계선을 넘자 주 정부에서 환영 나온 인사들로 시내는 북새통을 이뤘으며 타악기들로 구성된 악대 소리가 요란한 가운데 공직자들이 나와 화환을 순례단 목에 걸어주며 환영했습니다.

총도감 호산입니다

부처님께서 활동했던 성지(聖地)는 현재 인도의 UP 주, 비하르 주, 네팔에 걸쳐 있습니다.

비하르 주에는 부처님이 깨달으신 보드가야, 전정각산, 영축산 죽림정사가 있는 라즈기르, 바이샬리, 케샤리야 대탑 등이 있으며, 열반지 쿠시나가르, 기원정사가 있는 쉬라바스티, 초전법륜지 사르나트, 부처님의 고향 카필라바스투는 UP 주에 속합니다. 네팔에는 부처님께서 태어나신 룸비니가 있습니다. 비하르는 대한민국 정도의 넓이에 인구는 1억3000명에 달하며 UP는 한반도 크기에 인구가 2억 명이 넘습니다. 주 하나가 인구 대국인 나라입니다.

두 나라 주 정부의 환대는 정말 대단했습니다. 주 정부 장관이 공항에 나와 영접하고 경찰을 동원해 철통 밀착 경호를 펼칠 정도로 대대적으로 환영하는 등 최선을 다해 우리를 맞아주었습니다. 공무원뿐만이 아닙니다. 길을 가는 곳마다 주민들이 나와 환영하고, 순례단이 묵을 숙영지를 청소했습니다. 그들은 불교도는 아니지만 반갑게 맞아주었습니다. 며칠 동안 숙소 주변을 청소하고 화장실을 고쳤습니다. 바닥에는 먼지가 나지 않도록 카펫을 깔았고, 햇볕이 들지 않도록 천막

총도감 호산입니다

을 쳤습니다.

순례 27일 차 열반지가 바로 앞입니다. 부처님께서 마지막으로 목욕하셨다는 쿠쿠다 강, 말라족이 다비를 했다는 히라냐바티(Hiranyavati), 경전에서만 보던 그 현장을 지나갔습니다. 28일 차인 3월 8일 춘다로부터 마지막 공양을 받았던 파질나가르, 경전에 나오는 파바마을을 지났습니다.

부처님께서는 아난다와 제자들과 함께 춘다의 마을을 나와 한참을 북으로 걸었지만 결국 상한 음식이 탈을 내고 말았습니다. 배가 몹시 아프다며 쉬어가자고 하셨는데 피가 섞여 나왔다고 합니다. 급성 식중독이었습니다. 부처님께서는 "아난다여, 자리를 깔아라. 피곤하니 좀 쉬었다 가자."고 하셨습니다. 그리고 카쿠타 강에 이르러 아난다에게 물을 떠 오라고 하여 목을 축이셨습니다. 그 강에서 아침 공양을 했습니다. 눈물이 났습니다. 공양 중 갑자기 빗방울이 떨어졌습니다. 순례 28일 만에 처음 보는 비입니다.

인도에서는 건기에 비가 오면 길조(吉兆)라고 합니다. 부처님께서 한국에서 온 순례단을 반겨 주고 가피를 내려주시는 듯했습니다. 순례단은 즐겁게 비를 맞았습니다.

카쿠타 강변에 이른 부처님께서는 춘다가 걱정되셨는지 불러 위로합니다. "춘다는 여래를 위한 마지막 공양을 올렸다."

상한 음식을 올려 열반에 이르게 한 원흉에서 여래께 마지막 공양을 올린 위대한 인물로 바뀌는 순간이었습니다. 부처님께서는 이처럼 세심하게 사람들을 살폈습니다. 당신 몸 가누기 힘든 와중에도 춘다가 욕먹는다는 사실을 알고 위대한 인물로 사람들의 인식을 바꾸어 놓으셨습니다.

부처님께서는 몸이 몹시 편찮으셨지만 당당한 걸음을 잃지 않고 히란야바티 강을 건너 사라나무 숲에 이르른 뒤 두 그루 사이에 자리를 깔고 오른쪽 옆구리를 땅에 대고 해가 지는 쪽으로 누우셔서 아난다에게 "내가 오늘 저녁 열반에 들리라." 선언하셨습니다.

부처님은 "나는 오늘 저녁 열반에 들리라. 너는 쿠시나가라에 가서 여래가 열반에 든다고 알려라."고 하셨습니다. 아난다가 출가 재가자가 많은 바라나시 라즈그리 바이샬리 등 불교 교단이 번창한 곳에서 열반에 드시지 않으시냐고 했더니 "이곳이 성스러운 곳이 되리라." 하셨습니다. 비록 힌두교인들이 많은 인도이지만 한적했던 시골은 부처님 열반지로서 성스

총도감 호산입니다

러운 곳이 되었습니다.

한적한 숲에서 열반에 드신 덕분에 수많은 사람이 부처님을 친견할 수 있었으며, 중립 지대에서 열반하셔서 주변 모든 나라가 부처님의 사리를 모셔갔습니다. 불교가 인도 전역으로 급속하게 퍼져나갈 수 있었던 이유입니다.

부처님께서는 열반까지 전법하셨습니다.

순례 29일 차 쿠시나가라 열반당 부처님께 가사를 공양하고, 대탑 앞에서 부처님 유훈을 되새기며 한국불교 중흥 원력을 되새겼습니다. 상월결사 순례단과 한국에서 찾아온 사부대중이 함께 열반지에서 부처님 가피에 감사하고 한국불교 중흥 결사 의지를 다지는 뜨거운 눈물을 쏟았습니다.

3월 9일, 인도에 발을 디딘 지 한 달이 되는 날 한국에서 조성한 가사를 조별로 모시고 열반당 안으로 들어갔습니다. 모든 조가 부처님께 가사를 공양 올린 후 신묘장구대다라니를 독송했습니다. 대중들은 너나 할 것 없이 뜨거운 눈물을 흘렸습니다. 가사 공양 후 순례단 대중은 열반당 앞 사라나무 두 그루 아래 법석을 마련하고 기도법회를 열었습니다. 저는 "방일하지 말고 정진하라'는 가르침은 2700여 년이 지나 지금

총도감 호산입니다

도 우리를 일깨우고 있다."며 "우리 순례단은 부처님 유훈을 받들어 전법과 포교 일심정진의 의지를 다지도록 하겠다."고 다짐했습니다.

"세상에 변하지 않는 것은 하나도 없다. 모든 것은 변하게 되어 있다. 죽음이란 육신의 죽음이라는 것을 잊지 마라. 육신은 부모에게서 받은 것이므로 늙고 병들어 죽는 것은 어쩔 수 없는 일이다. 여래는 육신이 아니라 깨달음의 지혜다. 육신은 여기에서 죽더라도 깨달음의 지혜는 진리와 깨달음의 길에 영원히 살아 있을 것이다. 내가 열반한 후에는 그동안 설한 가르침이 곧 스승이 되어줄 것이다. 이 진리를 지켜 무슨 일에나 진리대로 행동하라. 이 가르침대로 행동하면 설령 내게서 멀리 떨어져 있더라도 항상 내 곁에 있는 것과 같다. 아직 제도하지 못한 사람은 이미 제도할 수 있는 인연을 지어 놓았다. 그대들이 물러나지 않고 꾸준히 정진한다면 여래의 법신은 영원히 그대들 곁에 머물 것이다.

수행자들은 저마다 자기 자신을 등불로 삼고 자기를 의

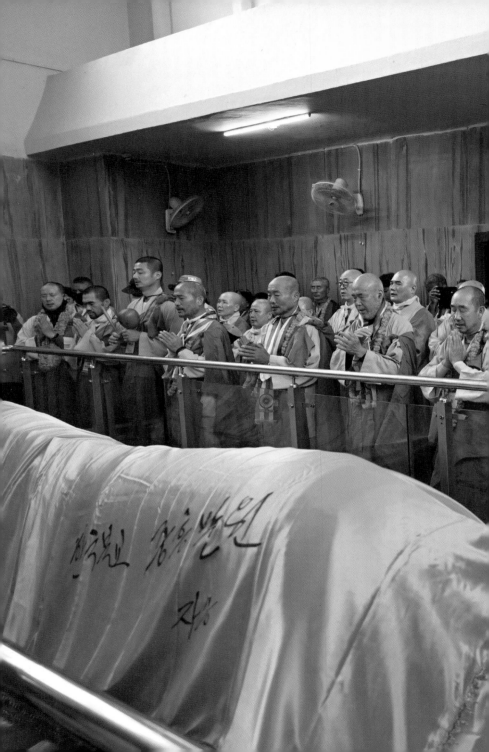

지하라. 진리를 등불로 삼고 진리를 의지하라. 이 밖에 다른 것에 의지해서는 안 된다. 불제자들은 내 가르침을 중심으로 화합할 것이요, 물 위에 기름처럼 겉돌지 마라. 함께 내 교법을 지키고 함께 배우며 함께 수행하고 부지런히 힘써 도의 기쁨을 함께 누려라. 게으르지 말고 부지런히 정진하라."

부처님 유훈을 들으며 다시 눈물을 흘렸습니다.

부처님 유훈을 새기며 발원문을 올렸습니다.

"소통하지 못하고 오해하고 주장만 내세운 점 참회하고 마음의 가난, 부처님 유적지 제대로 공부 못한 점을 참회합니다. 순례 공덕으로 저희의 부족한 면이 변화되고 더 낮은 자세로 가난하고 어렵고 힘든 사람들을 돌보는 전환점이 되기를 발원합니다. 가는 곳마다 수행하고 봉사하며 생활불교 자립불교, 세상에 이익을 주는 한국불교가 되길 발원합니다. 상월결사 인도순례를 이끄신 회주 스님과 동참대중은 불보살님께 모든 생명에 가피를 기원합니다."라고 발원했습니다.

쿠시나가라에서의 기도와 법회는 저에게도 상월결사 순례

단에게도 잊지 못할 환희의 절정이며 대전환점이었습니다. 모두 눈물을 흘렸습니다. 저 뿐만 아니라 회주 스님도, 최고령 무상스님도 취재하던 기자도 모두 울었습니다. 누워계신 부처님께 대형 황금 가사를 입혀드리고 '다라니' 독경을 하며 저도 모르게 눈물을 쏟던 그 순간 몸이 완전히 회복됐습니다.

정말 지옥 천당 극락을 함께 맛보았는데 정신이 살아있으면 원력이 이뤄진다는 것을 확신했습니다. 하지만 저 혼자의 힘이 아닙니다. 끝까지 저를 믿고 일어나도록 배려와 보살핌을 다해주신 회주 스님, 죽음까지 생각할 정도로 밑바닥까지 내려간 절망 속에서도 변함이 없었던 그 신뢰는 가장 큰 힘이었습니다. 함께하는 대중들, 세 분의 노스님, 지객 스님, 조장들. 모두 믿고 격려하고 기다려 주셨습니다. 소임을 다하지 못하는데 어느 누구도 제가 중도 하차할 것이라 의심하지 않았으며 원망하지 않았습니다. 그보다 더 큰 자산은 없었습니다.

그 가피와 희망 신뢰는 저 혼자 차지가 아닙니다. 모든 대중이 크고 작은 병고에 시달렸습니다. 장염으로 무너지고 드러누웠으며, 무릎을 다쳐 발걸음을 옮길 수조차 없었습니다. 여든을 앞둔 전 호계원장 무상 큰스님은 넘어져 다치기도 했

총도감 호산입니다

총도감 호산입니다

습니다. 그런데도 버스 탑승을 마다하고 목발을 짚으며 걸었습니다. 매일 긴장 속에 가장 힘든 여건 아래 버티는 것을 알기에 한 사람의 나약함이 전염병처럼 전체 대중에게 전염돼 순례 자체를 무너지게 할 수도 있습니다. 그래서 모든 대중이 차라리 죽을지언정 폐를 끼치지 않겠다는 각오를 새겼습니다. 대중을 생각하는 그 마음이 서로에게 전해져 순례단은 신뢰로 하나가 되었습니다. 출·재가, 비구·비구니 구분이 자연스럽게 사라졌습니다. 말로만 외치던 사부대중 하나가 함께 고행하고 서로를 생각하는 배려 속에 금강석 같은 강고한 믿음으로 실현되었습니다.

아무도 강요하지 않았지만 눈으로 보고 몸으로 느낀 대중들은 서로의 진심을 알게 되었으며 이 험난한 순례를 이끌어주신 회주 스님을 마음속 깊이 진심으로 존경하게 되었습니다. 늘 경책하셨지만 힘든 내색 않으시고, 아픈 대중은 누구보다 살뜰히 보살피며, 조금이라도 마음이 흐트러진다 싶으면 어김없이 할을 하시던 회주 스님. 대중은 어느새 회주 스님을 부처님 모시듯 극진히 모셨습니다. 상월선원 취지도 모르고 오직 순례가 목적이었던 분들도 반 철이 지나면서 마음이 하나로 모여졌습니다. 회주 스님에 대한 의례적 감사 인사가 나중에는 마음에서 우러나는 진심으로 바뀌는 것을 보았습니다. 부처님께서 목욕하신 카쿠다 강을 지날 때 꽃비가 내리면서 상월선원을 더 깊이 이해하게 되었고, 쿠시나가라 열반당에 도착하면서는 마침내 하나가 되었습니다.

개인적 어려움, 순례단의 여러 난관을 극복하고 43일에 걸친 1700여 년 한국불교사에 처음 있는 희유한 불사를 원만하게 회향했습니다. 회주 자승스님의 법력과 지도력 덕분입니다. 저는 인도에서 모든 일정을 마무리하고 한국으로 떠나기 전날 이렇게 소감을 밝힌 바 있습니다.

"상월선원 인도순례가 사고 없이 원만하게 회향하는 것이 총도감 소임자로서 발원이자 목적이었습니다. 배탈, 장염, 허리와 다리 통증 등 모든 고통을 이겨내고 무사히 회향한 순례 대중에게 감사를 드립니다. 모든 고통을 이겨낼 수 있도록 때로는 질책하고 때로는 격려와 배려로 이끈 분이 회주 스님입니다. 경책 할 때는 싸늘하게 정신 번쩍 들도록 하셨지만 아픈 사람에게는 그 심정을 잘 헤아려 조절해 주셨습니다. 이처럼 대중의 원력 의지와 지도자의 탁월한 지도와 인도 덕분에 낙오 없이 모든 대중이 회향해서 이 자리에 서게 됐습니다. 금생에 하나밖에 없는 순례에 동참하게 돼 개인적으로 감동이고 가슴이 벅찹니다."

그리고 원만 회향한 공은 모든 대중들 덕분입니다. 순례단장 스님과 지원단장은 미리 답사를 하고 인도 정부와 협상하는 등 정말 많이 애썼습니다. 눈에 보이지 않는 곳에서 고생했음을 잘 알고 있습니다. 세 번 네 번 확인하고도 지친 몸을 이끌고 하루 전날 또 가서 확인하는 지원단원들의 정성과 몸 힘든 것도 잊고 이리저리 뛰며 순례단 여정을 생생하게 보도해서 한국의 불자와 국민들의 마음을 불러일으킨 언론 등 우리 모두 인도에서 하나였습니다.

가장 감사드릴 분은 총무원장 진우스님입니다. 인도순례를 종단 종책으로 삼으시고, 보드가야를 찾아 격려하시는 등 종단 차원 지원을 다 해주시고 조계사 앞 도로를 가득 메우며 완벽한 회향식으로 한국불교를 하나로 이끌어주신 총무원장 진우스님의 정성에 감동을 받았습니다. 총무원장 진우스님의 지원과 배려가 없었으면 결코 성공할 수 없었을 것입니다.

상월결사 108 원력문

부처님,

온 세상의 마음에 계시는 부처님,

저희를 존엄한 생명으로 받아주셨으니

오늘도 신심과 원력을 세워

생명과 세상의 평화를 위해 절을 올립니다.

1. 청정한 마음으로 거룩한 부처님께 귀의합니다.

2. 청정한 마음으로 거룩한 가르침에 귀의합니다.

3. 청정한 마음으로 거룩한 스님들께 귀의합니다.

4. 모든 존재는 결국 소멸한다는 진리를 명심하겠습니다.

5. 모든 존재는 함께해야 살아갈 수 있음을 명심하겠습니다.

6. 무상의 이치를 알아 고통의 삶에서 벗어나겠습니다.

총도감 호산입니다

7. 무아의 이치를 알아 진정한 행복을 찾아가겠습니다.

8. 마음이 어두우면 삶이 고통스러워짐을 알아가겠습니다.

9. 괴로움은 집착에서 온다는 사실을 깨우치겠습니다.

10. 욕심과 분노에 휩싸이지 않도록 다스리겠습니다.

11. 깨달음의 바른 길을 찾아 항상 정진하겠습니다.

12. 삶을 향한 이기심과 죽음으로부터 자유로워지겠습니다.

13. 나의 행복은 세상의 행복 안에 있음을 알아가겠습니다.

14. 상대를 가리지 않으며 조건 없이 베풀고 돕겠습니다.

15. 계율을 철저히 지키며 항상 자비로운 사람이 되겠습니다.

16. 꿋꿋이 참고 견디며 고난을 디딤돌로 삼겠습니다.

17. 부지런하고 성실하게 일상에서 불교를 실천하겠습니다.

18. 인내와 근면을 실천하는 힘으로 깨달음을 이루겠습니다.

19. 진리를 향해 가행정진하여 세상을 평화롭게 하겠습니다.

20. 부처님처럼 지혜롭고 부처님처럼 자비롭게 살겠습니다.

21. 마음의 어둠을 떨쳐내고 지혜의 광명을 간직하겠습니다.

22. 바른 관점으로 치우침 없이 세상을 바라보겠습니다.

23. 바른 생각으로 정당한 도리에 맞게 사유하겠습니다.

24. 바른 언어로 모두에게 진실하고 유익한 말을 하겠습니다.

25. 바른 행동으로 세상에 도움이 되는 실천을 하겠습니다.

26. 바른 생활로 나와 남에게 피해를 주지 않겠습니다.

27. 바른 노력으로 진리를 향해 끊임없이 나아가겠습니다.

28. 바른 의식으로 언제나 깨어있는 삶을 살겠습니다.

29. 바른 수행으로 마음의 평화를 잃지 않겠습니다.

30. 어느 곳에서나 부처님의 완전한 진리를 따르겠습니다.

31. 정법의 아름다움을 온 누리에 환히 밝히겠습니다.

32. 말과 행동으로 화합하여 다투지 않고 상생하겠습니다.

33. 의지와 계율로 화합하여 함께 일하고 수행하겠습니다.

34. 생각과 이익으로 화합하여 함께 편안하게 나누겠습니다.

35. 모든 생명들이 서로를 존중하여 화합하겠습니다.

36. 살아있는 것들을 다치게 하거나 해치지 않겠습니다.

37. 잘못된 관계를 통해 인간을 수단으로 삼지 않겠습니다.

38. 거짓말로 속이지 않아 진실한 인연을 만들겠습니다.

39. 모진 말로 다른 사람에게 상처를 주지 않겠습니다.

40. 마음을 다스려 탐욕스럽게 행동하지 않겠습니다.

총도감 호산입니다

41. 반드시 한 번 더 생각하고 화를 내지 않겠습니다.

42. 정직하고 진실한 언행으로 모든 생명을 살피겠습니다.

43. 교만과 분노가 아닌 존중과 용서를 실천하겠습니다.

44. 재물을 기꺼이 나눠주고 진리를 기쁘게 전하겠습니다.

45. 환한 얼굴과 부드러운 말씨로 사람들을 대하겠습니다.

46. 몸과 마음을 다해 사람들에게 이익과 기쁨을 주겠습니다.

47. 항상 상대방의 입장에서 생각하고 바르게 처신하겠습니다.

48. 겸손하고 낮은 자세로 모든 존재를 받들어 가겠습니다.

49. 사소한 행복에도 감사하고 만족하며 살아가겠습니다.

50. 스스로 솔선수범하며 남에게 책임을 미루지 않겠습니다.

51. 누구라도 해야 할 일이라면 내가 먼저 하겠습니다.

52. 누구나 갖고 싶은 것에는 내가 먼저 양보하겠습니다.

53. 사부대중이 함께 참된 진리를 온 세상에 전하겠습니다.

54. 부처님을 따라 전법의 길을 묵묵히 걸어가겠습니다.

55. 부처님의 자유와 평화를 모두가 이루도록 돕겠습니다.

56. 국민과 사회에 바르고 온화하게 불교를 전하겠습니다.

57. 누구나 쉽게 이해할 수 있도록 불교를 전하겠습니다.

58. 누구나 알아들을 수 있는 말로 불교를 전하겠습니다.

59. 내 가족과 가까운 사람부터 정성으로 포교하겠습니다.

60. 계층과 신분을 분별하지 않고 불교를 전하겠습니다.

61. 말로만 내세우지 않고 실천으로 불교를 전하겠습니다.

62. 모든 생명의 행복과 이익을 위해 불교를 전하겠습니다.

63. 살아있는 모든 것들이 부처임을 명심하겠습니다.

64. 일체중생을 부처님으로 대하며 살아가겠습니다.

65. 모든 일에 자비롭고 선한 마음으로 임하겠습니다.

66. 모두에게 차별 없이 친절한 사람이 되겠습니다.

67. 모든 사람을 칭찬하고 격려해주는 사람이 되겠습니다.

68. 교만한 마음으로 남을 낮추어 보지 않겠습니다.

69. 동물과 미물이라고 해서 하찮게 여기지 않겠습니다.

70. 다툼이 있었다면 먼저 다가가 화해를 청하겠습니다.

71. 내 편을 들지 않는다고 상대를 비난하지 않겠습니다.

72. 무거운 짐을 든 사람을 그냥 지나치지 않겠습니다.

73. 힘겨워하는 사람들을 절대로 외면하지 않겠습니다.

74. 불교정신을 바탕으로 사회공동체에 이바지하겠습니다.

총도감 호산입니다

75. 더욱 화합하고 성숙한 불자의 길을 걸어가겠습니다.

76. 불자들이 힘을 모아 사회문제를 해결하겠습니다.

77. 불자들이 사회의 주역이 될 수 있도록 힘쓰겠습니다.

78. 자녀들이 부처님의 품에서 바르게 성장하게 하겠습니다.

79. 청소년들이 훌륭한 불자로 성장할 수 있도록 돕겠습니다.

80. 청년 대학생들이 활기차고 자유롭도록 돕겠습니다.

81. 중장년층이 열정을 잃지 않도록 함께 공부하겠습니다.

82. 노인들이 인생을 아름답게 회향할 수 있도록 돕겠습니다.

83. 불자의 헌신하는 모습으로 사회의 모범이 되겠습니다.

84. 모든 사람에게 언행이 일치된 불자가 되겠습니다.

85, 부처님의 말씀을 항상 수지하고 독송하며 기억하겠습니다.

86. 굳건한 정진과 보시의 공덕을 널리 회향하겠습니다.

87. 차별하지 않는 마음이 부처임을 명심하겠습니다.

88. 나와 생각이 다르다고 차별하지 않겠습니다.

89. 종교와 문화, 정체성이 다르다고 차별하지 않겠습니다.

90. 가난을 멸시하거나 부자를 질시하지 않겠습니다.

91. 겉모습과 권세로 사람을 판단하지 않겠습니다.

92. 잇속이 아니라 진실에 입각해 판단하겠습니다.

93. 화합을 최우선의 가치로 여기며 살아가겠습니다.

94. 모두를 공평하게 보듬어 진정한 친구가 되겠습니다.

95. 세상 속 불교를 실천하여 희망과 용기를 전하겠습니다.

96. 각자의 수행이 한국불교의 자긍심이 되게 하겠습니다.

97. 마음을 자유롭게 하여 세상의 평화로 나아가겠습니다.

98. 사회의 아픔을 함께 나누며 기꺼이 헌신하겠습니다.

99. 유익한 신행문화를 통해 새로운 인연을 만들겠습니다.

100. 회향의 공덕을 나누어 움직이는 불교를 이루겠습니다.

101. 아프고 외로운 사람들을 부처님으로 여기겠습니다.

102. 불제자로서의 당연한 도리를 현시대에 실천하겠습니다.

103. 사부대중은 국민의 삶에서 희로애락을 함께하겠습니다.

104. 사부대중은 인간의 삶에서 생로병사를 함께하겠습니다.

105. 한결같은 신심과 원력으로 불교중흥을 이루겠습니다.

106. 사부대중의 정진을 모아 불교중흥을 이루겠습니다.

107. 불법 만난 인연, 모든 생명을 축원하며 보답하겠습니다.

108. 부처님의 법 전하는 데 온 삶을 바치겠습니다.

총도감 호산입니다

거룩하신 부처님,

중생의 이익과 안락을 위해

길을 떠나라는 가르침을 큰 원력으로 삼겠습니다.

사부대중이 함께 매일매일 정진하면서

전법과 포교에 온 삶을 바치겠습니다.

나무 석가모니불

나무 석가모니불

나무 시아본사 석가모니불

4
:

사부대중과
함께 가는 길

· 전법만이 살 길이다 ·

전법만이 살 길이다

———

불교 역사에서 유례를 찾기 힘든 상월선원 천막결사에서 발원해 한국불교에 새바람을 불어넣은 인도순례로 이어지는 불교중흥을 위한 정신이 세상 속에서 살아 숨쉬길 누구보다 간절히 바랐고 바랍니다.

저는 10만여 사부대중과 함께한 기해년 동안거 상월선원 천막결사를 회향한 직후, 수행의 힘으로 한국불교를 일으키겠다는 발원을 속히 실천으로 옮겼습니다.

천막결사의 뜨거웠던 수행 열기는 이듬해인 2020년 여름 수국사에서 재현됐습니다. 4대결사 정신이 잊히지 않길 바라는 마음에서 '상월묵언 템플스테이'를 기획해 일반에 선보인 것입니다. 정진과 화합, 한국불교 중흥과 온 세상 평화를 염

총도감 호산입니다

원했던 구도 열기를 잇고 겨울 수행의 환희와 감동의 순간들을 보다 많은 대중들과 나누고 싶었습니다.

재가자들 근기에 맞춰 청규를 재정비하고 프로그램을 진행했습니다. 휴대폰을 비롯한 전자기기 사용과 사찰 밖 외출을 금하고 상월선원 4대결사를 잘 수행하겠다는 내용을 따르도록 구성했습니다. 특히 묵언 수행을 통해 밖으로 향하는 마음을 내면으로 돌려 내적인 고통을 인내하고 자신보다 남을 배려하는 힘을 길러주고 싶었습니다. 예불과 참선, 걷기명상, 차담, 자자(自恣) 등을 체험하고 각자의 처소로 돌아가서도 하루만큼은 수행을 이어가도록 최선을 다해 지도했습니다.

어린 시절부터 저와 인연이 깊었던 스노보드 불자 국가대표 선수들을 비롯해 동국대 직원과 불자, 일반 시민 등 각계각층의 다양한 사람들이 사찰로 모여들었습니다. 부처님이 지켜보고 있는 경내 삼성각 아래 1인용 텐트를 치고 모기장 속에서 참선을 하는 희유한 경험을 체험한 참가자들은 일생일대의 소중한 경험이었다는 반응을 보였습니다.

저 또한 묵언 템플스테이를 지도하며 철저히 공부의 시간으로 삼았습니다. 해제 후 주지 소임을 보고 있는 수국사로

돌아와 사찰 일과 종단 소임을 보다보니 별도 수행 시간을 내기가 어려웠던 것이 사실입니다. 묵언 템플스테이를 하는 동안 천막결사를 했던 그때로 돌아가 마음을 다잡았습니다.

부처님 가르침을 보다 많은 인연들에게 전해 불교에 한 발 더 가까이 다가오도록 길을 열어주고 싶었습니다. 대중들과 결사 정신을 나누며 부처님 가르침에 대한 이해를 높이도록 돕고 마음을 잘 살펴 정신을 이어가다 보면 불교중흥으로 이어질 것이라는 믿음이 있었습니다.

『초발심자경문』에 '삼일수심(三日修心)은 천재보(千載寶)요 백년탐물(百年貪物)은 일조진(一朝塵)'이란 구절이 나옵니다. 삼 일 마음을 닦으면 천 년의 보배가 되고, 백 년 동안 탐한 재물은 하루아침에 티끌이 된다는 의미죠. 불교에 대한 지식이 아무리 높아도 직접 체험해보지 않으면 말짱 도루묵이라는 뜻입니다. 묵언템플스테이를 거듭하며, 이번 생이 다하는 날까지 현장에서 활발발하게 살아있는 불교와 수행의 인연을 만들어 주겠다는 저의 원력은 한층 더 견고해졌습니다.

활기찬 불교 역동적인 불교를 만들어 가기 위한 움직임은 젊은층 포교로 확산됐습니다. 2021년 봄 수국사에서 천막결

총도감 호산입니다

스노보드 알파인 국가대표팀과 함□하는
힐링 템플스테이
☺ 대한불교조계종 수국사

총도감 호산입니다

사와 만행결사 자비순례 정신을 이어받은 청년 불자들의 힘찬 첫걸음이 시작됐습니다.

그해 3월의 끝자락, 수미산 상월청년회가 출범했습니다. 종교에 대한 관심이 점점 멀어져가는 요즘, 젊은 세대들에게 주옥같은 부처님 가르침을 잘 안내해 보다 젊은 불교, 역동적인 불교로 다가가겠다고 청년들 앞에 다짐했습니다.

저의 진심은 통했습니다. 이제 막 불교를 알아가기 시작한 청년들은 부처님의 진실한 가르침을 이어받아 잘 닦아나가고 세상을 이끌어갈 젊은이들의 불성이 피어나도록 하겠다고 화답했습니다. 같은 해 10월 1기 회원들은 수계식을 통해 참된 불자로 다시 태어났으며, 2기 회원들도 상월결사의 정신을 이어받아 친분과 신심을 다지는 활동을 이어나갔고, 동안거에 수국사 선원에서 참선체험을 하는 등 특별한 경험을 쌓기도 했습니다. 청년 불자들은 십시일반 정성을 모아 선원에 공양금을 보시하기도 했습니다. 올 4월에 4기 신입회원들을 맞이하고 젊은이들이 불교를 통해 삶의 주인공으로 살아가도록 활동에 박차를 가하고 있습니다.

2021년 겨울 신축년 동안거 기간 동안에는 출가자와 재가

자가 같이 정진하는 '열린선원'으로 수행불교의 가치를 높이는 시간을 가졌습니다. 수국사가 도심 속 수행공간이라는 점에서 위례 상월선원 천막결사 정신을 꽃피우기에도 안성맞춤인 공간이었죠. 사부대중 수행공동체를 표방하는 이곳에서 하루 한 끼 공양, 묵언 정진으로 한겨울에 맞서 정진했던 비장한 신심과 원력을 모아내려 노력했습니다. 열악하기 짝이 없었던 비닐하우스 천막선원에 비교하면 더할 나위 없는 좋은 시설이었지만 텐트를 치고 큰 방에서 면벽정진하고 저녁에는 텐트에서 잠시 쉬며 그때 정진 그대로 하려 했습니다.

저를 포함해 상월선원에서 목숨 걸고 정진했던 선원장 무연스님과 재현스님, 입승 인성스님 등 모두 아홉 명의 스님이 방부를 들여 정진했습니다. 매주 토요일 재가 불자들의 출입을 허락해 함께 정진할 수 있도록 운영했습니다. 결제 중 선방에서 수좌 스님들과 같이 정진하는 특별한 기회를 제공해 대중들 호응도 그 어느 때보다 높았습니다.

상월결사에서 움튼 불교중흥의 화두는 청년포교 활성화를 위한 상월청년합창단으로 이어졌습니다. 음성공양으로 청년전법에 앞장서겠다는 원력으로 회주 자승스님께서 직접 참석

총도감 호산입니다

한 가운데 출범식을 갖고 활동을 시작했습니다. 아홉 스님의 목숨 건 정진은 아름다운 공연으로 수국사에서 재탄생했습니다. 합창단원들도 찾아가는 음성공양으로 부처님 법을 전하고 아름다운 소리로 젊은 불교 역동적인 불교문화를 만들어 갈 것을 발원했습니다.

영천 은해사와 경주 기림사에서 부처님을 참배하고 불교를 배우며 신심을 다지는 시간도 가졌습니다.

젊은 불교를 위한 저의 발원은 새로운 시도로 진화를 거듭하고 있습니다. 부처님오신날 비보이 이에이트와 MOU를 맺고 콜라보 무대를 선보이는 등 활동 영역을 확장해 나가고 있습니다. 청년 불자들 간 교류와 소통의 장을 만들어 활동에 시너지 효과를 내고 싶었습니다. 불자들로 구성된 상월비보이 크루도 결성했습니다. 상월합창단과 비보이 크루 활동을 활성화해 젊은이들이 불교 문턱을 넘어 부처님 품으로 들어올 수 있도록 매진할 것입니다. 합창단을 중심으로 랩과 춤을 가미한 상월결사 뮤지컬 공연을 선보이는 등 삶에 지친 젊은 청년들에게 감동과 호감의 종교로 불교를 각인시켜 나갈 것입니다.

43일간의 인도순례는 저에게 또 한 번의 중대한 전환점이

총도감 호산입니다

됐습니다. 인도순례는 불자들은 물론 국민들에게 감동과 희망을 전한 정진의 시간이었습니다. 오랫동안 잠들어 있었던 인도의 불교를 깨워냈습니다. 순례단의 불굴의 도전정신은 코로나19 팬데믹으로 깊은 침체에 빠져 있던 우리 사회 전반에 이 시대 종교가 해야 할 역할을 보여줬다고 생각합니다. 순례를 통해 쌓은 원력과 성취를 사람들에게 활력과 용기를 전하는 포교전법으로 승화해 나갈 것입니다. 입으로만 포교를 외치는 것이 아니라, 한 사람이라도 더 불교와 인연 맺도록 부처님 법을 전하는 일에 앞으로 제 모든 원력과 신심을 다해 매진해 나갈 것입니다.

젊은층 포교를 향한 제 원력은 천막결사 때 처음 불교중흥을 발원했을 때의 그 모습 그대로 무한대로 뻗어나갈 것입니다.

이제 그 무대는 교종본찰 남양주 봉선사에서 펼쳐집니다. 저는 최근 봉선사 사부대중의 만장일치 지지를 받아 제25교구본사 주지로 선출되어 소임을 살기 시작했습니다. '음수사원(飲水思源)'이라는 말이 있습니다. 한 모금의 물을 마시더라도 그 근원을 생각해야 한다는 뜻입니다. 본사 어른 스님들을 비롯한 전 대중들의 지지로 막중한 소임을 맡은 만큼, 그 책

무의 근본을 잊지 않고 정진할 것입니다.

봉선사는 잘 알려져 있다시피 우리나라를 대표하는 교종 본찰입니다. 뿐만 아니라 불법홍포를 위한 인재를 기르는 도제양성과 역경(譯經), 부처님 가르침을 널리 전파하는 포교를 적극 실천해온 도량이기도 합니다. 이러한 역할을 다해온 봉선사 전통을 계승하고 선대 스님들께서 일궈온 화합과 중생 교화의 원력을 이어, 봉선사가 한국불교 새로운 천년을 위한 전법포교 도량으로 거듭나기 위해 추호도 흔들림 없이 나아가도록 정진할 것을 약속했습니다.

지혜와 자비를 갖추기 위해 삼보를 호지하고 수행공동체 구성원들이 언제나 서로 의지하고 탁마해 화합승가를 이루고 대중을 외호하는 일에 한 치도 소홀함 없이 정진하겠다고 다짐했습니다. 사부대중의 의견을 경청해 교구 발전을 이루고 국민 모두에게 희망과 용기를 주는 모습으로 다가가려 합니다.

상월결사의 뜻을 이어 청년대학생 포교를 대표하는 도량으로 자리매김하도록 열정을 쏟아붓겠습니다. 경기 북부권역을 중심으로 문화예술 분야 포교의 새 지평을 열어갈 계획입니다.

총도감 호산입니다

4장 … 사부대중과 함께 가는 길

과거 용문사 주지 시절 스노보드 문화가 활성화되기 전부터 달마배 스노보드대회를 열어 선수들을 지원하며 불교에 대한 긍정적 이미지를 심어주고 자연스럽게 포교를 했던 것처럼, 비보이 선수 육성에도 앞장설 계획입니다. 비보이 종목이 아시안게임과 올림픽 정식 종목으로 채택된 만큼 불자 비보이를 육성하고 키워내고 싶습니다. 선수들이 국가대표라는 꿈을 향해 나아가는 과정 속에 부처님 말씀이 큰 역할을 하도록 이끌어 주고 싶습니다. 본사 차원에서 정기적으로 대회를 열어 청소년 포교와 연계되도록 운영할 생각입니다.

이처럼 상월결사 정신은 1700년 한국불교사에 거대한 이정표를 만들어 가고 있습니다. 불교가 얼마나 위대한 가르침인지를 행동으로 입증해내고 있기 때문입니다. 입으로만 불교를 외치기보다 묵직한 침묵과 행동으로 부처님 가르침을 실천하려 노력했습니다. 길 위에서 묵묵히 견디고 양보하며 대중들 삶 가까이 살아있는 현장에서 살아있는 불교를 구현해내려 끊임없이 애쓰고 있기 때문입니다.

문득 기해년 동안거 상월선원 천막결사 정진 중 회주 자승 스님께서 칠판에 쓴 글귀가 떠오릅니다. 한국불교가 미래에도 살아남기 위해 사부대중이 차별 없이 한마음 한뜻으로 불교 중흥을 위해 함께 노력하자는 당부였습니다.

"금생에도 다음 생에도 경험할 수 없는 전무후무한 정진을 무리 없이 잘하고 계십니다. 상월선원 결제대중은 새로운 전설과 함께 긴 역사를 만들어 가고 있습니다."

첫째도 전법, 둘째도 전법, 셋째도 전법입니다. 그래야만 불교가 살아남을 수 있기 때문이죠. 부처님 가르침, 즉 불교 속에 불자가 살지 않으면 죽은 불교나 다름없습니다. 종교가 사람들에게서 점점 멀어지는 시대를 살고 있고, 우리 스스로 간절함이 없다면 인도의 불교 유적처럼 한국불교도 볼거리만 남게 될 수도 있습니다.

사람들의 삶 속에서 펄펄 살아있는 불교를 만들어 가는 여정에 더 많은 사부대중이 함께하도록 정진에 정진을 거듭할 것입니다. 상월결사 회주 자승스님의 원력에서 시작된 긴 역사는 이제부터 시작입니다.

호산스님
—

1980년 사미계를 받고 영축총림 통도사승가대학에 입학해 내외전을 두루 익혔다. 1986년 구족계를 받았으며 그 이듬해부터 봉암사, 해인사, 수도암, 현등사 등 전국 선원에서 10여 년 동안 수행 정진했다. 양평 상원사 용문선원에서 주지 소임

을 보며 결제 때마다 수좌 스님들과 용맹정진 하는 등 수행불교의 가치를 드높였다. 상원사와 용문사에 이어 수국사에서도 정진을 이어갔고, 매년 산사음악회를 열어 지역 사회와 소통하는 도량으로 가꿔나갔다.

두 철의 겨울안거를 백담사 무문관에서 정진하고 세상 밖으로 나온 전 총무원장 해봉 자승스님이 2019년 동안거 때 풍찬노숙 천막결사를 하겠다고 하자, 지객 소임을 자청했다. 그해 겨울 위례 상월선원에서 한국불교 초유의 천막결사에 들어갔다. 상월선원 회주 자승스님 곁에서 90일 동안 한국불교 중흥의 원력 아래 냉동 창고 같은 비닐하우스 선원에서 씻지 않고 묵언하며, 하루 한 끼 공양으로 극한의 용맹정진을 했다.

치열한 정진을 회향한 이후, 사부대중이 함께 부처님 성지 인도를 걸으며 결사를 해보자는 회주 스님의 원력을 이어 상월결사 총도감 소임을 맡았다. 2020년 국난극복 자비순례, 2021년 삼보사찰 천리순례, 2022년 마음방생 평화순례를 원만 회향한 이후, 2023년 2월 9일 108명의 대중들과 함께 인도로 향했다. 순례 도중 병고로 인해 큰 어려움을 겪었지만, 회주 스님을 비롯한 순례 대중의 격려와 배려로 다시 일어설 힘을 얻고 43일간의 순례를 원만 회향했다.

조계종 제37대 집행부에서 총무부장 소임을 맡아 1년여 동안 종단 발전을 위해 활동했으며, 제16대·17대 중앙종회의원,

총도감 호산입니다

〈오유지족〉

호산스님 친필

총도감 호산입니다

종회 사무처장으로 봉직하며 입법 활동에도 최선을 다했다.

현재 학교법인 동국대 이사와 종단 직영 아미타불교요양병원 대표이사, 조계종 체육인전법단장, 마하이주민지원단체협의회 상임대표, 사단법인 이웃을돕는사람들 이사장 등의 소임을 맡고 있다. 청소년 포교를 위해 달마배 스노보드대회를 창설했으며, 이 대회를 통해 수많은 인재들을 길러냈다.

2023년 10월 9일 경기 북부지역 불교를 책임지는 제25교구 본사 봉선사 주지 임기를 시작했다. 회주 자승스님의 원력에서 시작된 상월결사 정신을 이어, 봉선사를 중심으로 사부대중과 함께 현장에서 살아있는 불교를 만들어 가기 위해 혼신의 힘을 다하겠다는 원력을 세웠다. 부처님 법 전하는 데 온 삶을 바치겠다는 원력이다.

총도감 호산입니다

초판 1쇄 발행일	2023년 10월 25일
초판 2쇄 발행일	2023년 11월 10일
글	호산스님
사진	불교신문사
발행인	삼조스님
편집인	박기련
발행처	불교신문사
책임편집	홍다영
편집제작	선연
출판등록	2007년 9월 7일(등록 제300-207-133호)
주소	서울시 종로구 우정국로 67 전법회관 5층
전화	02)733-1604
팩스	02)3210-0179
e-mail	ibulgyo@ibulgyo.com

ⓒ 2023, 호산스님

ISBN 979-11-89147-29-7   03220

값 25,000원